Adolf Lang

ANSBACH

Führer durch die Stadt und ihre Umgebung

Die Geschichte Kaspar Hausers

Zusammenfassung in englischer und französischer Sprache

Stadtplan mit Ortsteil- und Straßenverzeichnis

Verlag Wiedfeld & Mehl Ansbach

Inhaltsverzeichnis

ISBN 3-925649-00-X

Fotos: Eugen Berberich, Toni Schneiders, Michael Vogel, Stadtarchiv Ansbach
Druck und Verlag: Wiedfeld & Mehl, Ansbach

Aus Ansbachs Geschichte

Ansbach, die „Stadt des fränkischen Rokoko", – wer ahnt, daß es unter dem Namen Onolzbach 1000 Jahre seinen Weg durch die Geschichte gegangen ist? Tatsächlich nennt sich das insgesamt mehr als 1200jährige Ansbach in amtlichen Schriftstücken des späten 18. Jahrhunderts noch immer Onolzbach – lebendig gebliebener Hinweis auf seine legendenhafte Gründungsgeschichte. Danach hat sich zu Beginn des 8. Jahrhunderts der Franke Onold im Tale des nach ihm benannten Bächleins niedergelassen. Außerdem berichten die Chronisten von drei Urhöfen, ein Motiv das nicht nur für Ansbach belegt ist. In das volle Licht der Geschichte tritt die Ansiedlung, als der fränkische Edelfreie Gumbert am Zusammenfluß von Rezat und Onolzbach ein Kloster gründet, das der Ordensregel des heiligen Benedikt verschrieben wird. Die Ansbacher Geschichtsforschung hat lange nach dem Gründungsdatum dieses Klosters gesucht, doch muß es vorläufig genügen, diesen Zeitpunkt gegen Mitte des 8. Jahrhunderts anzusetzen.

Nur wenig nach dem Jahr 1000 wird das Kloster in ein Chorherrnstift umgewandelt. Daneben wächst ein Gemeinwesen, das 1056 als Markt bezeichnet wird; 1139 ist eine Pfarrei bezeugt, 1165 ein Mauerring. 1221 schließlich wird Onolzbach als Stadt (civitas) erwähnt. In den folgenden Jahren, als Ansbacher Kaiser Friedrich II. als Soldaten dienen (und die Stadt mit dem großen Hohenstaufen vom Papst gebannt wird), scheint Onolzbach auf dem Weg zur Reichsstadt, doch setzt wohl der Untergang der Staufer dieser Entwicklung ein Ende. Ansbach nahm einen anderen Weg als die reichsstädtischen Nachbarn Nürnberg, Rothenburg, Weißenburg oder Dinkelsbühl. Sein Glanz sollte sich nicht unter dem Schutze des Kaisers entfalten, sondern dem Banner eines Territorialherrn. Fürstliche Hauptstadt zu werden, war seine Bestimmung; als Residenz der Hohenzollern erhält es sein unverwechselbares Gesicht und erfährt den Höhepunkt seiner Geschichte.

Der erste Schritt wird getan, als die zielbewußt nach Landzuwachs drängenden zollerischen Burggrafen von Nürnberg 1331 die Rechte an Stadt und Stift Onolzbach erwerben. Im Zuge ihrer vielseitigen Erwerbspolitik kommt Ansbach allmählich in eine Mittelpunktslage des neuen Zollernlandes. Bereits Burggraf Friedrich VI. erbaut kurz vor 1400 an der „steinern brucken" eine Wasserburg und schafft damit den ersten festen Stützpunkt der Hohenzollern in Ansbach. 1415 erhält er die Mark Brandenburg; Friedrich und seine Nachfolger führen den Titel eines Markgrafen zu Brandenburg. Der rote Adler wird Wahrzeichen des Fürstentums Brandenburg-Ansbach bis 1791. Im 15. Jahrhundert sind die Verbindungen zwischen der Mark und Ansbach noch besonders eng. Die ersten brandenburgischen Kurfürsten finden auch ihre Ruhestätte im geschichtsträchtigen Heilsbronner Münster. Von ihnen ist Markgraf Albrecht Achilles (1440–1486) hervorzuheben, der sich in steigendem Maße für den Hohenzollernbesitz an der Rezat interessiert und Ansbach de facto 1456 zur Haupt- und Residenzstadt macht. Für mehr als drei Jahrhunderte sollte Ansbach nun Fürstensitz sein, das Bild der Stadt durch die Hohenzollern gestaltet werden.
Die Ansbacher Hofhaltung von Albrecht Achilles wurde ebenso bewundert wie seine glanzvollen Turniere. Der Fürst übernimmt 1464 auch die Regierung im Fürstentum „oberhalb Gebirgs" (das spätere Markgrafentum Bayreuth). 1470 wird ihm von seinem Bruder Friedrich Brandenburg nebst der Kurwürde abgetreten. Wesentlicher Territorialbesitz der Hohenzollern ist damit in einer Hand. Von seiner Regierung künden noch heute die Zeugnisse des Schwanenordens, dessen süddeutschen Zweig er 1484 in Ansbach stiftet – Inbegriff spätmittelalterlichen Mystizimus' und Instrument realistischer Familienpolitik. Doch nur wenige Jahrzehnte später wird die Stadt erneut in das Licht der Geschichte treten. Seit 1515 regiert Markgraf Georg (zunächst bis 1527 gemeinsam mit seinem Bruder Kasimir), der früh den Weg zur Lehre Luthers findet. Standfest hält er zur

Ansbach, Kupferstich von 1686 ▷

ONOLTZBACH.
1
2
3

Reformation, die er 1528 in Ansbach einführt. Seine Heirat mit Beatrix von Frangepan ermöglicht den Ankauf des Fürstentums Jägerndorf und bringt den Titel eines Herzogs in Schlesien. Das heutige Ansbacher Stadthaus, früher Landhaus und Sitz des Kaiserlichen Landgerichts Burggraftums Nürnberg, ist der schönste Bauzeuge aus der Regierungszeit Georgs des Frommen. Als die Stadt Ansbach nach dem Zweiten Weltkrieg die Patenschaft über das später sudetenschlesische Jägerndorf übernimmt, bekommt sie einen Partner, mit dem sie unter Georg und seinem Sohn Georg Friedrich denselben geschichtlichen Weg gegangen ist.
Unter Georg Friedrich wird in Ansbach noch einmal Politik in größeren Dimensionen getrieben. Der Fürst residiert abwechselnd in Ansbach, Kulmbach (das ihm mit dem obergebirgischen Fürstentum zufällt), im schlesischen Jägerndorf und schließlich als Herzog in Preußen in Königsberg. Reichsgeschichte von lange nachwirkender Bedeutung spiegelt sich hier insofern, als der Ansbacher Prinz Albrecht als Hochmeister des Deutschen Ordens den Ordensstaat reformiert und das weltliche Herzogtum Preußen geschaffen hatte, das sein Ansbacher Neffe Georg Friedrich bis 1603 verwalten sollte. Mit demTode dieses kinderlosen Fürsten erlischt die fränkische Linie der Hohenzollern. Fortan mußte sich das Geschick Ansbachs in den weit engeren Grenzen des Fürstentums Brandenburg-Onolzbach erfüllen. Von der Regierung Georg Friedrichs aber zeugt in Ansbach die mächtige markgräfliche Kanzlei mitsamt der Dreiturmfassade der Gumbertuskirche – Dokumente einer als Staatsmann und Kunstmäzen gleich anziehenden Persönlichkeit.
1603 kommt dann erstmals ein Hohenzoller aus der Mark auf den Ansbacher Thron: Joachim Ernst aus „Cölln an der Spree". Unter seiner Regierung erfreuen sich Kunst und Kunsthandwerk weiterhin der Blüte, doch wird der Weg des Landes und Ansbachs bald durch den Dreißigjährigen Krieg verdunkelt, der Wohlstand und Kultur für nahezu 50 Jahre fast zerstören sollte. Joachim Ernst selbst ist an dieser Entwicklung beteiligt. Im

ansbachischen Auhausen an der Wörnitz ist er für die Gründung der „Protestantischen Union" maßgeblich verantwortlich, der er auch als General dient. Freilich bewahrt ihn sein Tod 1625 davor, die größten Wirren und Grausamkeiten wie auch den Verlust des Thronfolgers erleben zu müssen. Zeitweilig steht sogar die Existenz des Landes auf dem Spiel. Die Hohenzollerngräber in Heilsbronn werden geplündert, viele Dörfer im Fürstentum gebrandschatzt und entvölkert. Ansbach und das Markgrafentum erleben die seit undenklichen Jahren grausamste Soldateska, die ihre eigentlichen Kriegsziele längst vergessen hat. Bemerkenswert, daß in den folgenden Jahren das Fürstentum seinem protestantischen Glauben treubleibt, obwohl es von einer mehr und mehr erstarkenden katholischen Nachbarschaft umgeben ist. Es wird zum Asyl großen Stils: Tausende von Exulanten strömen etwa aus dem „Ländlein ob der Enns", später aus dem Salzburgischen, in das Markgrafentum, weil sie nicht wieder katholisch werden wollen. In der neuen Heimat werden sie ein wesentliches Element bei der wirtschaftlichen Erholung des Landes, bringen manche der nahezu vollkommen verlassenen Dörfer wieder zum Leben.

Am Ende des schrecklichen Krieges regiert Albrecht, der sein ausgeblutetes und stark entvölkertes Land mit Nachsicht und Milde führen muß. Die Steuerlisten der Stadt zeigen noch Jahrzehnte ein darniederliegendes Gewerbe; viele Hausruinen werden in ihnen geführt, für die der Besitzer keine Steuer aufbringen kann. So ist auch bei Albrecht von repräsentativen Bauten nichts zu berichten. Er selbst residiert im erheblich lädierten Schloß. Die Stiftung einer Hohenzollerngrablege in Ansbach bleibt zu notieren. Mit Christoph Fillisch ist sogar ein Hofmaler nachweisbar, dessen Aufträge bei der Stadt Ansbach aber mehr auf handwerkliche denn künstlerische Tätigkeit schließen lassen.

Doch unter Johann Friedrich (ab 1672) erhebt sich das geistige Ansbach zu neuer Blüte. Waren es ein Jahrhundert vorher die Komponisten Caspar Othmayr, Jakob Meiland, Teodoro

Riccio, Samuel Völckel oder Martin Zeuner, die das musikalische Leben der Residenz bezeugen, so wird Ansbach jetzt unter Johann Wolfgang Franck Pflegestätte einer deutschen Oper. Der Fürst selbst betätigt sich literarisch und als Schauspieler, und verschmäht nicht, sich als „Isidor fidelis" dem wortkunstbeflissenen Publikum zu produzieren.
Nur zweiunddreißigjährig verstirbt dieser Musensohn und wirft das Fürstentum in ein Schicksal, das es immer wieder erfährt: Regierung unter Vormundschaft, weil der Nachfolger noch ein Kind ist. Dies bedeutet allzumeist Stagnation in politischer, kultureller und wirtschaftlicher Hinsicht. Wie immer wirken sich die Verhältnisse am Hof in der mit ihm ökonomisch eng verflochtenen Stadt stark aus.
1694 tritt der 16jährige Georg Friedrich die Regierung an – auch er musisch außerordentlich interessiert, doch sollte ihn weniger die deutsche Oper denn die weltbeherrschende musikalische Kunst Italiens fesseln. Francesco Antonio Pistocchi und Giuseppe Torelli wirken in Ansbach. Einige der besten Sängerinnen, Sänger und Musiker italienischer Zunge finden hierher. Die Rezatstadt scheint wieder zu einer Metropole zu werden. Sogar die Baulust erwacht und erhält in Gabriel de Gabrieli, dem Bündener, ihren Inspirator. Georg Friedrich aber wendet sich dem Kriegshandwerk zu. Nicht einmal 25jährig wird der kaiserliche Reitergeneral in der Oberpfalz durch einen Musketenschuß gefällt. Erneut war Ansbach einer hochtalentierten Fürstengestalt vor der Reife beraubt.
Die Nachfolge tritt sein Halbbruder Wilhelm Friedrich an, vielleicht weniger konturiert als sein Vorgänger, jedoch mit dem Vorzug, eine brillante Frau zur Seite zu haben: Christiane Charlotte aus dem Hause Württemberg. Das Projekt des Schloßneubaus wird endlich angegangen, ein Brand im Südflügel kommt diesen Absichten 1710 entgegen. Gabriel de Gabrieli aus Roveredo setzt mit seiner Konzeption des Schloßneubaus den Rahmen für seine Architektennachfolger Carl Friedrich von Zocha und Leopoldo Retty. Das Schloß in Bruckberg entsteht, proble-

Stadthaus (Landhaus) 1532 und Georgsbrunnen 1515 ▷

matische Hülle mißlungener Prinzenerziehung und später Heimstatt der staatlichen Ansbacher Porzellanmanufaktur. Erweitert wird der Hofgarten; das Lust- und Opernhaus Gideon Bachers erhält in der Orangerie einen gewichtigen Nachfolger, der sich im Reigen barocker Gartenschlösser sehen lassen kann. 1709 nimmt die Ansbacher Fayence-Manufaktur ihren Anfang, ein frühes Kind seiner Branche, das heute, lange nach der markgräflichen Zeit, mit der „Grünen Familie" Weltruhm besitzt.
Und die Ansbacher Bürgerschaft, wo ist sie, was bleibt von ihr zu berichten? Stadtgeschichte im Sinne der patrizisch bestimmten Reichsstädte ist von Ansbach nicht in der üblichen Form erzählbar. Eine freie Kaufmannschaft, die wirtschaftlich und kulturell prägte, kannte Ansbach nicht, auch nicht einen selbstbewußten Rat, der über reine Verwaltungsgeschäfte und bloßen Befehlsempfang hinaus eigene Stadtpolitik gemacht hätte. Der markgräfliche Obervogt war praktisch Herr der Stadt, seine Anordnungen und damit den Willen der Landesregierung, letztlich Serenissimi, zu erfüllen, war vorgestecktes Ziel des Stadtregiments. Ein städtisches Selbstbewußtsein war in Ansbach kaum zu verspüren. Dafür waren auch weite Kreise der Bevölkerung zu stark in den wirtschaftlichen Kreislauf des Hofes einbezogen. Ihn zu zerstören bedeutete aber auch, mehrhundertjährige gewachsene Wirtschaftsgegebenheiten zu unterbrechen und die Stadt in vorher nicht gekannte Problemsituationen zu werfen. Die verhängnisvolle Raumnot Ansbachs bis in unsere Zeit war ein Resultat dieser Epoche.
Alles blickte auf den Hof, im Guten wie im Bösen. So, wenn der Fürst Geld von seinen Untertanen borgte, oder wenn man seine Baugnaden, wie kostenfreie Grundstücke oder Steuererlaß, in Anspruch nahm, oder den vom Hof praktizierten, auf Einheitlichkeit des Stadtbildes ausgerichteten Baustil übernahm. Dies galt auch dann, wenn der Geldbeutel gerade noch zur Neugestaltung der Fassade oder bestenfalls des Vorderhauses reichte, während im Inneren des Anwesens das 16. Jahrhundert krumm aber lebenskräftig sein Dasein behauptete. Wen er-

staunt es also, wenn bei der Betrachtung der Stadtgeschichte schnell wieder von den Bürgern zum Herrscherhaus übergegangen werden kann, wo sich markgräflicher Wille ohnehin überall widerspiegelte.
Auch beim Markgrafen Carl Wilhelm Friedrich war die Kontinuität zunächst wieder einmal durch Vormundschaftsregierung unterbrochen. Mit Carl begegnet man der nicht bedeutendsten, sicher aber farbigsten Fürstenpersönlichkeit Ansbachs – ein absoluter Fürst an der Schwelle zur Aufklärung, auch eine tragische Gestalt, mit 11 Jahren ohne Vater, mit 15 einer kaum geliebten preußischen Prinzessin anverlobt, mit 17 Vollwaise und regierender Markgraf. Carl war eine Gestalt, der menschliches Gegengewicht und Partnerschaft auf offizieller Ebene immer fehlten, der Liebe nur unter verklausulierten Umständen geschenkt wurde – und dann nur für eine beschränkte Zeitspanne. Der Volksmund griff die aus dürrer, puritanischer Geschichtssicht geprägte Bezeichnung „Wilder Markgraf" bereitwillig auf und machte den Fürsten zum Zerrbild, zur absolutistischen Schandfigur, der man schließlich sogar erfundene Untaten anlasten konnte.
Der geradezu pathologisch passionierte Jagdliebhaber unterhielt die größte Falknerei im politisch verdämmernden Heiligen Römischen Reich Deutscher Nation, sogar mit eigenen Falkenmalern. Er brachte den Schloßbau zum Abschluß; Kirchen und Pfarrhäuser wurden in vorher nicht gekannter Zahl gebaut; es entstanden die Hofkirche St. Gumbertus und die Synagoge (beide nach Plänen des katholischen Leopoldo Retty). Und – Carl Wilhelm Friedrich ließ sich nicht in die Kriegsabenteuer seines königlichen Schwagers, Friedrichs des Großen, hineinziehen. Er bewahrt damit Land und Bevölkerung den Frieden, vielleicht auch die Existenz des von katholischen Staaten umgebenen süddeutschen Reichslandes Brandenburg-Ansbach.
Im Ansbacher Schloß versammelt Leopoldo Retty Künstler aus Italien, Frankreich und Deutschland, empfängt Anregungen aus München und Brühl, verschmilzt Ideen und Temperamente

zu einer charakteristischen Synthese ausklingenden Barocks: Ansbacher Rokoko, nie des Erdhaften entkleidet, im scheinbar Irrationalen noch gebändigt. Der Fürst ermöglicht Retty den Abschluß der Arbeiten im angestrebten Sinne. Zwischendurch läßt er das Gymnasium und, später, das Herrieder Tor bauen. Trotz äußerer Betriebsamkeit vereinsamt der Markgraf. Nur 45jährig ereilt ihn ein Schlaganfall, angesichts preußischer Bedrohung. Das nahezu hoffnungslos verschuldete Land geht auf den einzigen Sohn Alexander über.
Dieser sorgfältig ausgebildete Hohenzollernprinz, im besten Sinn des Jahrhunderts international erzogen, übernimmt ein wirtschaftlich überfordertes Land. Die Schulden stellen fast die Existenz von Brandenburg-Ansbach in Frage. So muß konsequente Sparsamkeit der erste Punkt seines Regierungsprogramms sein (wie es auch das Ansbacher Stadtbild beweist). Der aufgeblähte Hofstaat des Vaters wird reduziert, damit auch mancher ältere Bedienstete einem ungewissen Schicksal überlassen. Bezeichnenderweise hindert die eiserne Sparpflicht den jungen Alexander nicht, 1763 eine Porzellanmanufaktur ins Leben zu rufen, nach einem halb privatwirtschaftlichen Vorspiel in Ansbach. Dadurch wird die ältere Schwester Fayence-Manufaktur natürlich zu einem Schattendasein verurteilt. Sie muß ihren Absatz nunmehr betont beim bäuerlichen Publikum suchen. Das Fertigungsprogramm wird entsprechend umgestellt und eingeschränkt. Nur mit der Gestaltung des Fliesensaals der Ansbacher Residenz 1763 rafft sich die Fabrik noch einmal zu einer Leistung auf, die ihre frühere Größe ahnen läßt. Der Untergang um die Jahrhundertwende ist aber nicht aufhaltbar.
Die Notwendigkeit zur Sanierung der Staatsfinanzen treibt Alexander zu einer von Zeitgenossen und Nachfahren immer wieder kritisierten Entscheidung: 1777 überläßt er ein ansbachisches und ein bayreuthisches Regiment (seit 1769 gehörte das Fürstentum Bayreuth wieder einmal zu Ansbach) nebst Artillerie und Jägern der britischen Krone – die dauerhaften Ansbacher Beziehungen zum englischen Hof mögen hierbei eine

Orangerie (1726) mit Rasenparterre ▷

Rolle gespielt haben. Die Truppen werden in Amerika gegen die aufständischen Kolonisten eingesetzt. Vier Jahre kämpfen die meisten Ansbacher gegen die geländekundigen Einheimischen einen immer härter werdenden Krieg. Dann werden sie 1781 bei Yorktown besiegt. Die Ansbacher Fahnen zieren heute die Museen von West Point und Washington. Viele Ansbacher fallen oder erliegen Krankheiten. Ein Drittel bleibt als Siedler in der Neuen Welt, sogar Angehörige des Offizierskorps. Das britische Pfund aber füllt die Ansbacher Staatskasse. Zur Ehrenrettung des Markgrafen sei vermerkt, daß er diese Art Einnahmen separat abrechnen und zur Tilgung der Staatsschulden verwenden ließ; auf die Füllung seiner persönlichen Börse verzichtete er.
Der Kampf um die Lebensfähigkeit der beiden Fürstentümer scheint Alexanders Kräfte verbraucht zu haben. Zudem stand er sicher im Banne des europäischen Zeitgeschehens, war wie sein Onkel in Preußen gefesselt von der Aufklärung, von den Gedanken an eine neue Humanität. Seine vielen Auslandsreisen enthüllen zudem das wahre Interesse dieses schöngeistigen Fürsten, der in Ansbach dennoch eine der besten deutschen Hofkapellen unterhielt. Italien und Frankreich, aber auch Großbritannien und die Niederlande gehörten in seinen direkten Gesichtskreis. Mit der französischen Schauspielerin und Voltaire-Freundin Hippolyte Clairon verbindet sich der Markgraf. Das Entstehen einer katholischen Gemeinde in Ansbach ist ihr und der Toleranz Alexanders zuzuschreiben.
Eine andere Liaison wurde folgenschwerer: Elizabeth Craven, ebenfalls hochgebildet, Engländerin, nimmt Einfluß auf den Fürsten. Als Alexanders Gemahlin Caroline 1791 stirbt, heiratet er die Engländerin, wobei die Abdankung längst vorbereitet war, natürlich zugunsten der ohnedies eines Tages erbberechtigten Preußen. Sie schicken Hardenberg, der als ansbachischer, schließlich preußischer Minister die Geschicke des Landes lenkt. So wird Ansbach 1792 preußisch, Alexander geht nebst Leibrente nach England. Preußen aber hatte seinen Fuß endlich in ein süddeutsches Kernland gesetzt, eine politische

Konstellation, die natürlicherweise nicht lange Bestand hatte. Zwar werden die fränkischen Fürstentümer Ansbach und Bayreuth unter dem tüchtigen und gewiegten Hardenberg noch einmal zu einer gewissen Blüte gebracht. Doch ihr Ende kündigt sich an, damit auch (zunächst) das Ende Ansbachs als Residenzstadt. Preußen kann seine fränkischen Besitzungen nicht halten. Die Stadt, aus der seine königliche Familie einst gekommen war, und das Fürstentum Ansbach (mit Ausnahme der Oberämter Crailsheim und Creglingen) kommen 1806 an Bayern, Lohn Napoleons für seinen wittelsbachischen Verbündeten. Truppen Bernadottes rücken in Ansbach ein, um Stadt und Land für Bayern zu okkupieren: am 24. Februar, Tag der Totenfeier für den verblichenen Alexander in England, ein seltsam zufälliger Epilog der Geschichte. Über 450 Jahre Hohenzollerngeschichte Ansbachs waren vorbei. So geht auch der Übergang nicht schmerzlos vor sich. Die Einwohnerschaft richtet Bittschriften an den preußischen König, um unter den „Fittichen des schwarzen Adlers" verbleiben zu können. Der Gang der Geschichte aber bleibt unbeeinflußt. Ansbach erhält sein kleines Zuckerbrot, indem es Hauptstadt des Rezatkreises, ab 1838 von Mittelfranken, wird. Damit findet aber auch die Struktur Ansbachs ihre nahtlose Fortsetzung. Die Stadt bleibt Verwaltungs-, Garnisons-, Beamten- und Soldatenstadt. Sie behält auch eine gewisse Zentralität für den bayerischen Protestantismus. Es ändert sich im Grunde wenig. Ansbach lebt, in guten wie in schlechten Zeiten. Wirtschaftliche Krisen mögen ihm ob seiner Struktur wenig anzuhaben. Dafür erlebt es auch keine wirtschaftliche Hochblüte.
Die bayerische Zeit bringt Ansbach eine gemäßigte Fortentwicklung. An die Stelle der markgräflichen Landesregierung tritt die Regierung von Mittelfranken. Als Garnisonsstadt erlebt Ansbach nach den Dragonern und Husaren nunmehr Chevaulegers, Ulanen, Flieger und Artilleristen. Der Ansbacher wird maßvoll guter Bayer. Prinzregent Luitpold läßt die fränkischen Bratwürste von Ansbach sogar in das Berchtesgadener Hoflager kommen.

Die Zeit zwischen den beiden Weltkriegen bringt der Rezatstadt dieselben Probleme wie anderswo. Ansbachs jüdische Gemeinde, alteingesessen, von nationalliberaler Kontur, wird ausgelöscht. Ein gutes Geschick erhält wenigstens die beispielhafte Barocksynagoge. Die Jugend Ansbachs bringt ihren Blutzoll: Stalingrad und das Artillerieregiment 53, die sogenannte Schlacht um England und das Kampfgeschwader 53 mit ihren furchtbaren Verlusten seien stellvertretend genannt. Am 22. und 23. Februar 1945 wird das Bahnhofsviertel außerordentlich konzentriert bombardiert. Rund 500 Tote werden gezählt, in einer Stadt, die auch an diesen Tagen noch nicht glauben wollte, daß sie von der Kriegsfurie erreicht wird. KZ-Häftlinge werden zu den Aufräumungsarbeiten nach Ansbach gebracht und fallen Hunger, Entkräftung und Mißhandlung zum Opfer. Im April 1945 rücken die Amerikaner ein. Robert Limpert, ein junger Student, wird wenige Stunden vorher aufgehängt, verurteilt von einem Kampfkommandanten ohne Ethos und Rechtsgefühl, weil Limpert Telefonkabel durchschnitten hatte.

Ansbacher Annalen

10 000–8000 v. Chr. Erste Besiedlung der Höhen um Ansbach (Epipaläolithikum)
8000–4000 v. Chr. Mittelsteinzeitliche Siedlungsplätze auf den Höhen um Ansbach. 1924 entdeckt Carl Gumpert die erste mittelsteinzeitliche Wohngrube Deutschlands bei Eyb.
Um 450 v. Chr. Grabhügel der La-Tène-Zeit in der Feuchtlach
Um 748 Gründung eines Benediktinerklosters
786 Kloster über Karl den Großen an Würzburg
911 Entstehung der Wendenorte um Ansbach
um 1050 Krypta von St. Gumbertus
1139 Pfarrei Ansbach erwähnt
1165 Mauerbering vorhanden
1189 Kaiser Friedrich I. Barbarossa in Ansbach
1195 Heiligsprechung des Klostergründers Gumbertus
1221 Erste Erwähnung als Stadt
1331 Stift und Stadt werden zollerisch
1363 Hohenzollern zu Reichsfürsten erhoben
1397 Beginn des Baues einer Wasserburg
1398–1440 Burggraf Friedrich VI., ab 1415 Kurfürst und Markgraf Friedrich I.
1440–1486 Markgraf und Kurfürst Albrecht Achilles
1441 Grundstein zum Chor der Johanniskirche
1456 Kaiserliches Landgericht in Ansbach, die Stadt wird Residenz
1470 Älteste Postlinie Deutschlands von Ansbach nach Küstrin
1484 Stiftung eines süddeutschen Zweiges des Schwanenordens
1486–1515 Markgraf Friedrich
1501 Baubeginn der späteren Schwanenritterkapelle
1515–1527 Markgraf Kasimir
1515–1543 Markgraf Georg der Fromme
1515 Bau des Georgsbrunnens
1523 Markgraf Georg erwirbt Herzogtum Jägerndorf
1528 Endgültige Einführung der Reformation
Gründung einer Lateinschule
1532 Bau des Landhauses
1556–1603 Markgraf Georg Friedrich
1563 Säkularisierung des Gumbertusstifts
1595 Bau der Hofkanzlei
1603–1625 Markgraf Joachim Ernst
1608 Joachim Ernst Mitbegründer der Protestantischen Union
1609 Simon Marius entdeckt vom Schloßturm Jupitermonde
1621 Erweiterung des Rathauses zur heutigen Gestalt

1631 Plünderung durch Truppen Tillys
1639–1667 Markgraf Albrecht
1672–1686 Markgraf Johann Friedrich
1683 Geburt der Prinzessin Wilhelmine Caroline, später Königin von Großbritannien
1685 Hugenotten kommen nach Ansbach
1694–1703 Markgraf Georg Friedrich
1703–1723 Markgraf Wilhelm Friedrich
1709 Gründung der Fayencefabrik
1723–1729 Markgräfin Christiane Charlotte
1726 Beginn des Orangeriebaues
1729–1757 Markgraf Carl Wilhelm Friedrich
1736 Um- und Neubau von St. Gumbertus
1737 Einweihung des Gymnasiums
1746 Einweihung der Synagoge
1750 Herrieder Tor erhält heutige Gestalt
1757–1791 Markgraf Alexander
1763 Gründung der staatlichen Porzellanmanufaktur
1772 Abschaffung der Folter
1775 Privileg für katholisches Bethaus (Karlshalle)
1777 Ansbacher Truppen nach Amerika
1791 Thronverzicht Alexanders
1792 Ansbach wird preußisch
1806 Ansbach wird bayerisch, Ansbach Hauptstadt des Rezatkreises
1838 Ansbach Hauptstadt von Mittelfranken
1840 Einweihung der Ludwigskirche
1859 Eröffnung der Eisenbahn Ansbach–Gunzenhausen
1863 Gründung des 2. Ulanenregiments „König"
1930 Einweihung des Hauses der Volksbildung
1938 Beschädigung der Synagoge
1941 Erste Opfer des Bombenkrieges
1945 Bombenangriffe auf Ansbach, Sprengung der Ansbacher Brücken
Robert Limpert gehängt
1948 Erste Bachwoche in Ansbach
1954 Patenschaft über das sudetenschlesische Jägerndorf
1968 Partnerschaft mit der französischen Stadt Anglet
1972 Umfangreiche Eingemeindungen
1975 Anschluß an die Autobahn
Ansbach erhält den Prix France – Allemagne
1984 Einweihung des Markgrafenmuseums
1987 Neubaubezug des Stadtarchivs am Karlsplatz
1988 Restaurierung des Markgrafentheaters und Einrichtung der Schloßbibliothek
1990 Eröffnung des Kulturzentrums der Stadt Ansbach

Sehenswürdigkeiten Ansbachs

KIRCHEN

St. Gumbertus. Die Gumbertuskirche mit ihren „drei Türmen ohne Dach" gehört zu den Wahrzeichen Ansbachs. Sie ist gleichzeitig ehrwürdigstes Geschichtsdokument der Stadt. Hier sind bemerkenswerte Reste der romanischen Stiftskirche erhalten, hier findet sich mit der Schwanenritterkapelle ein letzter Nachhall der Gotik. Beherrscht wird das Gesamtwerk aber heute durch die Schöpfungen der markgräflichen Hofbaumeister, von der Drei-Turm-Fassade Gideon Bachers bis zum barocken Saalbau von Leopoldo Retty, als Hofkirche und protestantische Predigerkirche Vorbild für manchen Bau im markgräflichen Land.
Ältester Bauzeuge ist die romanische Krypta unter dem Altar des barocken Saales, die vermutlich gegen 1040 geschaffen wurde und auf Werkleute der Speyerer Dombauhütte zurückgeführt wird. Die Gotik des 15. Jahrhunderts ist durch den Südturm sowie die Seitenkapellen des ehemaligen nördlichen Seitenschiffes repräsentiert.
Eine eindrucksvolle Atmosphäre vermittelt die „Schwanenritterkapelle", einst Chor der Stiftskirche, ein Werk der ersten Jahrzehnte des 16. Jahrhunderts, fast schon Nachzügler der verklingenden gotischen Epoche. 300 Jahre später hat die Romantik durch Alexander von Heideloff die Monumente des Schwanenritterordens hier versammelt. Die, im Reigen der fränkischen Plastik, an der Wende von der Gotik zur Renaissance stehenden Epitaphien bilden die Staffage zum Schwanenordensaltar von 1484. Er ist gleichzeitig wichtigstes Dokument zur Hohenzollern-Ikonographie des 15. Jahrhunderts. An der Predella ist das Porträt seines Stifters, des Kurfürsten und Markgrafen Albrecht Achilles zu sehen. Auf der Rückseite ist unter der Schutzmantelmadonna Markgraf Friedrich mit seiner königlichen Gemahlin Sophie von Polen sowie einer Reihe

von Söhnen und Töchtern dargestellt. Das Chorgestühl stammt noch aus stiftischer Zeit. Sehr beachtenswert sind die Glasgemälde, die zumindest zum Teil aus der Nürnberger Hirsvogel-Werkstatt stammen. Auch sie bieten unter anderem Hohenzollern-Darstellungen. Zahlreiche Totenschilde verstärken die geschlossene Stimmung des mit einem Netzgewölbe versehenen Sakralraumes. Überall ist die Ordenskette mit dem Bild der Gottesmutter und dem Schwan (als Symbol der Todesbereitschaft) zu sehen. Der Schwanenritterorden selbst erlosch im Verlaufe der Reformation.

Ein Kunstwerk besonderen Ranges ist das Kelterbild. Als Sinnbild für den Kreuzestod quält sich Christus mit der schweren Arbeit in der Kelter. Gott Vater bestimmt das Maß des Leidens. Die Blutstropfen des gemarterten Sohnes werden von Petrus (Papst) als Gnadenbrot für die Menschheit aufgefangen, Anspielung auf die Transsubstantiationslehre. Maria ist stummer und leidender Zeuge. Das durch seine Schriftbänder archaisch anmutende Bild geht auf eine Stiftung von Matthias von Gulpen zurück. Albrecht Dürer hat sich mit einem Entwurf befaßt. Es scheint aber von einem Schüler ausgeführt worden zu sein, vielleicht Hans Süß von Kulmbach. Zugeschrieben wurde es auch schon Hans Baldung Grien. Ohne Zweifel ist das Kelterbild das bedeutendste Einzelkunstwerk Ansbachs, durch die Diskussion um seine Urheberschaft immer wieder Gegenstand neuer Untersuchungen und Spekulationen.

Auch das späte 16. Jahrhundert hat zur Bereicherung von St. Gumbertus entscheidend beigetragen. Gideon Bacher schuf, unter Einbeziehung des spätgotischen Südturms, die massige Dreiturmgruppe, in ihrer Mischung von gotischen Einzelelementen und flächiger Renaissance-Monumentalität eigenwilliges Zeugnis einer Künstlerpersönlichkeit, die Ansbach um eine Reihe eindrucksvoller Bauten bereichert hat. 1736–38 bekam die nunmehrige Hofkirche einen neuen Hauptbau, als Leopoldo Retty, virtuoser Gestalter der Prunkräume des Ansbacher Schlosses, den geradezu puritanischen Kirchensaal schuf. Nur

Orgelprospekt der Gumbertuskirche ▷

wenig seiner Ausstattung erhebt sich über die theologisch motivierte Kargheit des Ensembles, so der glanzvolle Orgelprospekt, die zentral in die Hauptachse gerückte Kanzel und der vergleichsweise schon wieder bescheidenere Fürstenstand mit den Initialen des Markgrafen Carl Wilhelm Friedrich und seiner königlichen Gemahlin Friederike Luise. Die Hofkirche ist in ihrer programmatischen Schlichtheit ein großes Dokument des lutherischen Protestantismus in einem Fürstentum, das sich bahnbrechend für die Lehre Luthers entschieden hatte und auch während der Gegenreformation sein Bekenntnis behauptete. Der Besucher der Gumbertuskirche muß den Kirchner (Johann-Sebastian-Bach-Platz 5) bemühen, wenn er außer dem Hauptbau auch Krypta, Fürstengruft und Schwanenritterkapelle besichtigen will.

Seit 1976 birgt die Gumbertuskirche auch die nach dem Dreißigjährigen Krieg gestiftete Grablege der Ansbacher Hohenzollern. Die zollerischen Burggrafen von Nürnberg und späteren Ansbacher Markgrafen waren vorher im Heilsbronner Münster beigesetzt worden. Als im Dreißigjährigen Krieg die Soldateska Tillys die Gräber schändete, wurde unter Markgraf Albrecht eine neue Grablege in der Residenzstadt gestiftet. Allerdings wurde dafür die Pfarrkirche St. Johannis gewählt. Der zunehmende Verfall der Zinnsärge und die unkorrigierbare Enge veranlaßten 1976 die Umsetzung nach St. Gumbertus in den Raum unter der Schwanenritterkapelle. Dadurch wurde die etappenweise Restaurierung der Särge möglich. Albrecht ruht hier, der begabte Johann Friedrich, der als Held beigesetzte Georg Friedrich, Wilhelm Friedrich und seine energische Gemahlin Christiane Charlotte, der sagenumwitterte Carl Wilhelm Friedrich mitsamt seiner Gemahlin Friederike Luise, Schwester Friedrichs des Großen. Es fehlt der letzte Ansbacher Markgraf, Alexander, dessen sterbliche Reste in England ruhen.

St. Johannis. Wenngleich die drei Türme von St. Gumbertus als Wahrzeichen Ansbachs bezeichnet werden, so lebt doch die Stadtsilhouette vom dialektischen Gegensatz des benachbarten, ungleichen Turmpaares der Johanniskirche, die als Pfarrkirche beachtliche Dimensionen zeigt. Sie entstand vergleichsweise geschlossen im 15. Jahrhundert, eine schlichte, dreischiffige Staffelkirche. Beeindruckend ist das Raumerlebnis. Von den Ausstattungsresten ist der Altar hervorzuheben, das Epitaph des Ansbacher Bürgermeisters Wolfgang Seuboldt, ein ansprechendes Werk frühen Barocks des Windsheimer Meisters Georg Brenck des Jüngeren. Bemerkenswert ist der Fensterbestand von der letzten Jahrhundertwende.

Heilig Kreuz und Stadtfriedhof. Unter Markgraf Albrecht Achilles wurde 1461 der Grundstein zu einer Pilgerkapelle gelegt, um die ab 1521 der Johannisfriedhof entsteht. Das 17. und 18. Jahrhundert bereichern die Ruhestätte um langgezogene Gruftreihen, die von verschiedenen Hofbaumeistern für den einheimischen Adel, die Hofbediensteten und auch die Bürgerschaft angelegt werden. Die Bombardierung von 1945 hat die bewundernswerte Geschlossenheit etwas gestört, wie auch die Jahre danach manche Veränderung des ursprünglich einheitlichen Bildes gebracht haben. Trotzdem ist der Johannisfriedhof bei Heilig Kreuz (oder Stadtfriedhof) nicht zuletzt wegen seiner kunstgeschichtlichen Bedeutung eine besuchenswerte Stätte. Caspar Othmayr (1515–1553), vielleicht der bedeutendste Komponist in der Ansbacher Geschichte, ruht hier. Erhalten blieben u. a. die Gräber des „Anakreontikers" Johann Peter Uz, dessen Gedichte Mozart und Schubert zu Vertonungen inspirierten, und von Kaspar Hauser, des vielumstrittenen, tragischen Findlings.

Karlshalle. Baulich unauffällig in die „Neue Auslage", am Karlsplatz, eingegliedert ist die Karlshalle, ursprünglich katholisches Oratorium. Sie wurde unter Markgraf Alexander erbaut, wurde erster Mittelpunkt einer neuen katholischen Gemeinde und ist Symbol der erwachenden Toleranz der Aufklärungszeit. Mit ihren reichen klassizistischen Stuckarbeiten ist sie ein überregional bedeutendes Zeugnis einer neuen Kunstepoche (1777/78). Heute ist sie zentraler Teil des Ansbacher Kulturzentrums und kann zu vielfältigen Aktivitäten, von Ausstellungen bis zu Konzerten, herangezogen werden.

St. Ludwig. Die katholische Pfarrkirche trat 1840 die Nachfolge der zu klein gewordenen Karlshalle an. Sie ist das erste große Baudokument der bayerischen Zeit Ansbachs. Kunstgeschichtlich vertritt sie in immer noch bemerkenswerter Einheit den Münchener Klassizismus und zählt zu seinen wichtigen Zeugnissen in Franken.

SYNAGOGE

Die bedeutende Judengemeinde Ansbachs erhielt 1746 nach Plänen von Leopoldo Retty eine Synagoge. Sie blieb in den wesentlichen Teilen unzerstört und zählt zu den interessantesten Barockräumen Ansbachs. Teile der originalen Innenausstattung (Heilige Lade, Al Memor, Gelbgußleuchter) blieben erhalten. Die Synagoge ist im Rahmen von Führungen zugänglich. Eine jüdische Gemeinde entstand in Ansbach nach dem Zweiten Weltkrieg nicht mehr.

STADTBEFESTIGUNG UND TORE

Die Ansbacher Stadtbefestigung ist nur bruchstückhaft erhalten. Der längste zusammenhängende Teil der Stadtmauer ist im Markgrafenmuseum (Schaitbergerstraße 14) zugänglich. Bemerkenswert ist der Dicke Turm am Gymnasium Carolinum aus dem 16. Jahrhundert, einstmals auch Fronfeste.

Herrieder Tor. Nur noch im Herrieder Tor finden sich Reste einer mittelalterlichen Toranlage. Seine heutige Baugestalt (1750) verdankt es dem Hofbaumeister Johann David Steingruber. Vor allem nach Süden bietet es (mit den flankierenden Nachbarbauten) einen imponierenden Anblick und zählt zu den schönsten Baugruppen von Ansbach.

Schloßtor. Das aus zwei Pfeilern mit Trophäengruppen bestehende Schloßtor stammt aus dem Jahre 1737 und gewinnt seinen Reiz vor allem aus der baulichen Zusammenfassung mit der Schloßmauer und den dazugehörigen Schilderhäusern.

Ansbacher Fayencefliesen im Markgrafenschloß ▷

Neues Tor. Am Durchlaß von der Altstadt zur „Neuen Auslage" 1790/91 von J. P. Bischoff im Auftrag des Markgrafen Alexander geschaffen. Typische Anlage des Klassizismus, 1978 zurückgesetzt, restauriert und nach alter Vorlage ergänzt.

BRUNNEN

Markgraf-Georg-Brunnen. Grundanlage von 1515, unter Markgraf Alexander und in bayerischer Zeit mehrfach erneuert. Polygonales Becken, auf dem Säulenschaft ein gerüsteter Ritter.

Markgraf-Carl-Brunnen. Stiftung des Markgrafen Carl Wilhelm Friedrich von 1746. Mit polygonalem Becken und der Porträtbüste des Markgrafen.

ÖFFENTLICHE BAUTEN

Markgrafenschloß. Die ehemalige Residenz der Markgrafen von Brandenburg-Ansbach gehört zu den bedeutendsten Bauzeugen des 18. Jahrhunderts in Franken. Allerdings ist sie im Kern wesentlich älter, wie auch der Graben andeutet. Die Baugeschichte beginnt mit einer Wasserburg des späten 14. Jahrhunderts. Unter Georg dem Frommen kamen Erweiterungen. Eindrucksvollster Rest des späten Mittelalters ist der Gotische Saal im Erdgeschoß. Blasius Berwart und Gideon Bacher schließlich stehen für weitere Aus- und Zubauten. An der Wende vom 17. bis 18. Jahrhundert wird durch Gabriel de Gabrieli ein weitgehender Neubau geplant. Ein Brand im Südflügel fördert wohl den Entschluß zur umfassenden Neugestaltung. Gabrieli konzipiert und führt zum Teil die mächtige Schaufassade und den Innenhof aus. Fortgeführt wird das Vorhaben von Carl Friedrich von Zocha, der französisch inspiriertes, nüchternes Baugefühl verkörpert. Gegen 1730 kommt der Oberitaliener Leopoldo Retty an den Ansbacher Hof, der das Gesamtprojekt zu Ende führt. Seine eigentliche, überzeitliche Leistung aber wird die Ausstattung einer Reihe von Staatsräumen, die zum Teil mit dem Begriff „Ansbacher Rokoko" verbunden werden. Als Retty

Ansbach verläßt, bleibt der folgenden Generation nur noch wenig weiterzuführen. Unter Markgraf Alexander entstehen der geflieste Speisesaal, das Monatszimmer und die Galerie, um einige der charakteristischen Leistungen am Übergang vom Rokoko zum Klassizismus zu nennen.
Der Rundgang durch die Staatsräume des Ansbacher Schlosses ist ohne Zweifel der Höhepunkt jedes Besuches in der alten Residenzstadt. Ausgangspunkt ist der Große Saal, doppelgeschossig, aus den Jahren 1735/36 – Synthese verschiedenster Künstlertemperamente: Deckenfresko von Carlo Carlone, Stukkaturen von seinem Bruder Diego, Gemälde von Ansbacher Hofmalern. In der reizvollen Anrichte Ansbacher Fayencen der Epoche. Der Weg führt durch ein kleines Bilderkabinett in die Galerie, Nachklang Bayreuther Raumgestaltung. Nach einem Vorzimmer mit Gobelins hugenottischen Ursprungs folgt das geflieste Speisezimmer (1763/64) mit 2800 Fayencefliesen der Ansbacher Manufaktur, die als letzte größere Leistung der einstmals bedeutenden Fabrik anzusehen sind. Aus derselben Zeit stammt das Monatszimmer mit Gemälden der Brüder Kleemann. Danach folgt ein Familienzimmer mit Hohenzollernporträts. Das anschließende Audienzzimmer stellt in seiner Geschlossenheit noch einmal einen späten Zeugen des Rokoko dar. Nach einem Schlafzimmer mit einer schönen Wiege von Johann Matusch und einigen kleineren Räumen, zum Teil für Hofstaat und Dienerschaft vorgesehen, folgt das großzügige Gobelinzimmer, Auftakt zur glanzvollen Raumfolge Rettys. Nach dem Jagdzimmer in seiner beispielhaften Einheit (wie fast durchwegs in der Ansbacher Residenz sind auch hier wesentliche Teile der beweglichen Raumausstattung erhalten) das Audienzzimmer der Markgräfin – Mittelpunkt jedoch weniger der Thronsessel, sondern der Porzellanlüster, Geschenk Friedrichs des Großen an seinen kunstsinnigen Ansbacher Neffen. Völlig veränderte Atmosphäre im folgenden Braunen Wohnzimmer mit seiner umlaufenden Wandvertäfelung. Die Bewegungsimpulse sind herabgespielt – logische Notwendigkeit, wenn das an-

schließende Spiegelkabinett betreten wird. Der reichste Raum der Ansbacher Residenz ist erreicht. Die Schnitzereien stammen von Johann Caspar Wezlar, das Deckengemälde von dem Wallonen Johann Adolf Biarelle. Dazu qualitätvolle Porzellane aus Meißen, Berlin, Thüringen und Ansbach. Das Spiegelkabinett gehört zwar zu den kleinsten seiner Gattung im deutschen Kulturraum, darf sich aber zu den bedeutendsten zählen. Danach das Schlafzimmer der Markgräfin mit hervorragendem Mobiliar, zum Teil von Ansbacher Ebenisten. Die Wohnräume des Markgrafen werden durch das Marmorkabinett eröffnet, das die sieben Todsünden darstellt. Der Stuckmarmor von Johann Schnell und die Gemälde von Johann Adolf Biarelle bilden ein überzeugendes Ensemble und machen das Marmorkabinett zu einem der künstlerisch eigenständigsten Räume des Ansbacher Schlosses. Im Schlafzimmer des Markgrafen Carl Wilhelm Friedrich wird in Malerei und Stuck immer wieder auf die Falknerei hingewiesen, die große Passion des Fürsten. Anschließend empfängt das noble Audienzzimmer des Markgrafen mit dem Prunkbildnis der Markgräfin Christiane Charlotte von Johann Peter Feuerlein, einem der bedeutendsten Ansbacher Hofmaler. Nach dem Weg durch den Weißen Saal, Vorwegnahme klassizistischer Gedanken, und einem weiteren Raum kommt der Besucher wieder in den Prunksaal. Der Rundgang ist geschlossen.

Sammlung Ansbacher Fayence und Porzellan. Der Gotische Saal in der Residenz Ansbach beherbergt die größte und bedeutendste Sammlung Ansbacher Fayence und Porzellan. Sie setzt sich zusammen aus der vom Freistaat Bayern angekauften Sammlung des Ansbacher Ehrenbürgers und Lokalhistorikers Dr. Adolf Bayer, angestammten Hausbeständen sowie zusätzlichen Erwerbungen der Bayerischen Verwaltung der staatlichen Schlösser, Gärten und Seen. Die Sammlung ist im Zusammenhang mit den Schloßführungen zugänglich.

Schloßführungen täglich (außer Montag) um 9, 10, 11, 14, 15 und 16 Uhr (Sommer), 10, 11, 14 und 15 Uhr (Winter). Sonder-

Ansbacher Porzellan im Markgrafenmuseum ▷

führungen gemäß Vereinbarung mit der Schloß- und Gartenverwaltung Ansbach.

Staatliche Bibliothek – Schloßbibliothek. Auf eine markgräfliche Stiftung geht die heutige Bibliothek im ehemaligen markgräflichen Theater zurück, die trotz erheblicher Verluste zu Beginn des 19. Jahrhunderts weiter über wertvolle ältere Bestände verfügt. Die Bibliothek ist dem überregionalen Leihverkehr angeschlossen.

Hofgarten und Orangerie. Bereits im 16. Jahrhundert Kräutergarten und gärtnerische Anlagen sowie ein „Lust- und Opernhaus" von Gideon Bacher. Ab 1726 erbaute Carl Friedrich von Zocha an seiner Stelle die heutige Orangerie. Parallel dazu Neugestaltung des Hofgartens nach französischem Gartenideal. Die Orangerie zeigt wie kaum ein anderes Bauwerk Ansbachs die Anlehnung an französische Vorbilder (Nordseite – Louvre-Kolonnaden, Südseite – Grand Trianon in Versailles). Der Hofgarten bildet heute mit seinem zum Teil in Regeneration befindlichen Baumbestand nicht nur ein kulturhistorisches Denkmal hohen Ranges, sondern auch ein erholsames Refugium inmitten der Stadt. Der Hofgarten ist ständig geöffnet.

Markgräfliche Kanzlei. Die Leistungen Gideon Bachers auf dem Gebiet des Ansbacher Profanbaus werden am eindrucksvollsten durch die markgräfliche Kanzlei dokumentiert. Sie entstand ab 1594 an der Stelle von Stiftsgebäuden und stellt neben dem Schloß mit ihren sieben mächtigen Giebeln das bedeutendste weltliche Baudenkmal Ansbachs dar. Auch der Besuch des Innenhofs ist aufschlußreich, wo sich Renaissance und Gotik begegnen. In ihrer Gesamtheit zeigt die Kanzlei in architektonischer Konzeption und Dekorelementen (Sgraffito) das virtuose Repertoire am Ausgang der Renaissance.

Landhaus (jetzt Stadthaus). In städtebaulich exponierter Lage, an einer Nahtstelle zwischen altem stiftischem und rätischem Bereich, steht wie ein Querriegel das einstige „Haus der Landstände". Es entstand 1532 unter der Leitung von Sixt Kornberger (Kornburger) und stellt mit seinem teilweisen Rückgriff auf gotische Einzelelemente dennoch ein bedeutendes Bauwerk der Renaissance dar. In markgräflicher Zeit hatte hier auch das Kaiserliche Landgericht Burggraftums Nürnberg seinen Sitz. Heute hat das Landhaus die Funktionen des Rathauses übernommen.

Rathaus. In seiner heutigen Form bietet sich das Rathaus in der Gestalt von 1623. Mit seiner vergleichsweise zurückhaltenden Gestaltung spiegelt es die bescheidenere Funktion der Ansbacher Bürgerschaft im Vergleich zur Landesherrschaft und ihren repräsentativen Bauten. Die neue Farbgebung folgt dem Baukontrakt von ehedem. Der Wappenfries über dem Hauptportal ruft die wichtigsten Stationen ansbachischer Geschichte in Erinnerung.

Markgrafenmuseum. In ihm sind Baubestände des 15. bis 18. Jahrhunderts vereinigt. Da ist der Franciscibau (nach dem Ansbacher Generalsuperintendenten des 16. Jahrhunderts benannt), der Bausubstanz des 15. bis 18. Jahrhunderts mitsamt der begehbaren Stadtmauer aufweist. Die Stadtmauer führt weiter zum Schnizleinshof (heute Markgrafenbau, weil hier Markgraf Friedrich 1536 starb), der ebenfalls ein Stück begehbarer Stadtmauer besitzt. Sein Baubestand umfaßt aber auch den höchsten Ansbacher Treppenturm des 16. Jahrhunderts. Die Museumssammlungen gehen auf das Jahr 1830 zurück, als der Historische Verein im Rezatkreis, der älteste bayerische Geschichtsverein auf Bezirksebene, gegründet wurde. Heute vereint das Markgrafenmuseum die Bestände des Historischen Vereins für Mittelfranken und der Stadt Ansbach.

Das Markgrafenmuseum ist wie folgt gegliedert: Im Franciscibau werden regelmäßig im Erdgeschoß Sonderausstellungen gezeigt. Das erste Obergeschoß bietet Naturgeschichte des mittelfränkischen Raumes sowie Vor- und Frühgeschichte mit Einschluß der Römer. Das zweite Obergeschoß ist dem Thema „Ansbach wird bayerisch“ gewidmet und umfaßt den Zeitraum 1806–1918. An Schwerpunkten ist Ansbacher Kunsthandwerk zu nennen, darunter Bruckberger Porzellan. Militärgeschichte

ist ebenso berücksichtigt wie berühmte Ansbacher. Darunter befinden sich Erinnerungen an August Graf von Platen, Friedrich Güll, Karl Ballenberger, Georg von Dollmann u. a. Lückenlos die bayerische Geldgeschichte ab 1806. Von überregionalem Interesse die Kaspar-Hauser-Sammlung mit der Kleidung, in der der Findling die tödliche Stichwunde erlitt.
Öffnungszeiten (außer Montag) täglich von 10–12 und 14–17 Uhr. Für Gruppen ist bei entsprechender Voranmeldung auch die Möglichkeit zum Besuch außerhalb der normalen Öffnungszeiten. Das Museum „führt sich selbst" durch seine didaktische Ausstattung.

Gotische Halle im Schloß aus der Zeit des Markgrafen Georg des Frommen

Stadtrundgang

Rundgang Schloß–Johanniskirche (1 Stunde)
Ausgangspunkt ist der Schloßplatz mit dem markgräflichen **Schloß**. Beachtlich die schräg gegenüberliegenden Barockbauten: das ehemalige Jagdzeughaus, von Johann Wilhelm von Zocha 1715–1719 erbaut (Promenade 26/28), das ehemalige Gesandtenhaus, von Carl Friedrich von Zocha 1718 für den Hofmusiker Chiavenetto erbaut (Promenade 24) und das ehemalige Palais von Poellnitz (Promenade 20). Rechts in Richtung Altstadt durch das **Schloßtor.** Linker Hand interessantes Eckhaus des 18. Jahrhunderts, dem ursprünglichen Verlauf der Stadtmauer folgend (Johann-Sebastian-Bach-Platz 28). Als Eckbau des kleinen Platzes das ehemalige Gästehaus der Markgrafen (Johann-Sebastian-Bach-Platz 22), an der Wende vom 16. bis 17. Jahrhundert von Gideon Bacher erbaut.
Der Weg führt jetzt direkt in das Altstadtzentrum. Johann-Sebastian-Bach-Platz 7, die ehemalige Stiftsküsterei, heute Nennichshof genannt. Harmonische, für Carl Friedrich von Zocha typische Außenfassade aus dem ersten Drittel des 18. Jahrhunderts mit schönem Balkon der Zeit. Der Innenhof konfrontiert überraschend mit dem 16. Jahrhundert: Fachwerkgiebel, Treppenturm und Laubengänge ergeben ein stimmungsvolles Gesamtbild.
Auf der gegenüberliegenden Seite der Kronenhof (Johann-Sebastian-Bach-Platz 20), einstmals zum Stift gehörig, später Sekkendorffsches Palais. Schmiedeeiserner Balkon des 18. Jahrhunderts mit dem Wappen der Seckendorff, der Innenhof typisch fränkisch, mit Treppenturm, leider verbaut. Nach Verlassen des Hofes halblinks vor dem Beschauer der Carl-Wilhelm-Friedrich-Brunnen, städtebaulich reizvoll plaziert. 1746 entstanden, in den Feldern der rote brandenburgische Adler, oben die Porträtbüste des Fürsten. Gegenüber dem gotischen Chor der Gumbertuskirche durch das barocke Portal in das Anwesen

Johann-Sebastian-Bach-Platz 5, dem Behringerhof, einem weiteren ehemaligen Stiftsbau, der noch lange als Dekanei bezeichnet wurde. Auch hier barocke Außenfassade, doch innen vornehmlich das Bild des 16. Jahrhunderts. Treppenturm und Laubengänge in schöner Einheit. Mit der bereichernden kleinen Grünanlage ist er der beeindruckendste Innenhof Ansbachs. Im Saal des Pfarrzentrums wichtige Stukkaturen des 17. Jahrhunderts. Durch das kleine Portal zurück nach rechts, Außenbesichtigung der **Schwanenritterkapelle** (St. Gumbertus), dann zur Markgräflichen Kanzlei.
Um die drei Schauseiten der Kanzlei mit ihren mächtigen sieben Giebeln herumgehend, kommt der Besucher am Wohn- und Sterbehaus Kaspar Hausers (Pfarrstraße 16–20) vorbei. Von hier Blick auf die Dreiturmfassade von **St. Gumbertus.** An ihr vorbei nach links in die Kirche. Schräg links gegenüber (Johann-Sebastian-Bach-Platz 10) der Eybhof, 1593 von Gideon Bacher für Veit Asmus von Eyb erbaut. Rechts vom Betrachter das **Landhaus,** links oder rechts vorbei führt der Weg zum Martin-Luther-Platz. Sehenswert der Georgsbrunnen, vom gleichnamigen Markgrafen 1515 erbaut, im 18. und 19. Jahrhundert erneuert. Rechts vom Brunnen (Martin-Luther-Platz 6) ein mächtiger Bau von Gabriel de Gabrieli, wohl sein prunkvollstes Werk neben dem Schloß. Bemerkenswert die Zusammenfassung mit den vier flankierenden Bauten zu einer geschlossenen Gruppe. Gegenüber das **Rathaus.** Von hier zur **Johanniskirche.** Eingang auf der dem Martin-Luther-Platz abgewandten Seite.

Von hier Anschluß:

- **Museumsrundgang,** gleich gegenüber
- **Rundgang Johanniskirche – Neue Auslage – Hofgarten**

Behringerhof mit Treppenturm (16. Jh.) ▷

Rundgang Johanniskirche – Neue Auslage – Hofgarten (1 Stunde)

Ausgangspunkt ist die **Johanniskirche** oder das **Museum.** Über den Martin-Luther-Platz an **Rathaus** und **Landhaus** vorbei nach rechts in die Uzstraße. Baubestand des 16.–18. Jahrhunderts, beachtenswert Uzstraße 1, ein reizvoller Fachwerkbau des 16. Jahrhunderts. In der von rechts einmündenden Rosenbadstraße, etwa 50 Meter zurückliegend, die **Synagoge,** unauffällig in das Straßenbild eingegliedert. Zurück und rechts durch das **Herrieder Tor** hinaus auf die Promenade, die Gesamtanlage des Tores mit den vier flankierenden Bauten beachten. Dann Richtung Maximilianstraße weitergehen, links die einzigartig geschlossene Häuserfront der Anwesen Maximilianstraße 3–15, trotz spätbarocken Charakters (zweite Hälfte 18. Jahrhundert) bereits die Überwindung des Rokokohaften andeutend. Diese durch moderne Ladeneinbauten ungetrübte Häuserzeile ist eines der schönsten Zeugnisse des 18. Jahrhunderts in Ansbach.
Nach etwa 150 Metern links in die Karolinenstraße einbiegen, der Ost-West-Achse der „Neuen Auslage". Dieser Stadtteil war bereits gegen Ende des 17. Jahrhunderts einheitlich geplant worden und sollte Hugenotten aufnehmen, die sich in beträchtlicher Zahl im Fürstentum Ansbach niederließen. In veränderter Form wurde die „neue Auslage" dann im 18. Jahrhundert ausgeführt. Charakteristisch die einheitliche Gestaltung der Fassaden und Straßenzüge. Mittelpunkt ist der Karlsplatz, trotz der jüngeren **Ludwigskirche** der geschlossenste Platz der Stadt.
Nach Besichtigung der Ludwigskirche halbrechts, unauffällig als Eckbau in das Platzbild eingegliedert, die **Karlshalle.** Weiter die Karolinenstraße entlang bis zum Eckhaus Bischof-Meiser-Straße 12/14, einem schönen, Leopoldo Retty zugeschriebenen Doppelhaus. Die Straße überqueren, geradewegs in den **Hofgarten** hinein, auf der Hauptallee bis zum Springbrunnen.

Reitbahn mit Wochenmarkt ▷

Links die **Orangerie,** rechts das Uzdenkmal und der Gedenkstein für den hier niedergestochenen Kaspar Hauser mit der lautmalerischen Inschrift:

„Hic occultus occulto occisus est"
(Hier wurde ein Unbekannter auf unbekannte Weise getötet).

Von der Orangerie in Richtung Schloßplatz zum Schloß.

Von hier Anschluß
- **Schloßrundgang**
- **Rundgang Schloß–Johanniskirche**

Rundgang Schloß (1 Stunde)

Von hier Anschluß:
- **Rundgang Schloß–Johanniskirche**
- **Rundgang Hofgarten–Neue Auslage–Johanniskirche**
  (in umgekehrter Reihenfolge)

Rundgang Markgrafenmuseum (1 Stunde)

Von hier Anschluß:
- **Rundgang Johanniskirche–Neue Auslage–Hofgarten**
- **Rundgang Johanniskirche–Schloß**
  (in umgekehrter Reihenfolge)

Kaspar Hauser – Mensch ohne Heimat

Pfingstmontag 1828 in Nürnberg – ein Großteil der Bevölkerung ist in die umliegenden Ortschaften hinausgezogen. Da kommt ein junger Bursche den Bärleinhuter Berg „heruntergewackelt", der einen Brief an den „Rittmeister bey der 4ten Esgataron bey 6ten Schwolische Regiment in Nierberg" mit sich führt. Erst am Abend findet der Fremdling das Haus des Rittmeisters von Wessenig. Der mitleidige Offiziersbursche bringt ihn in den Stall, nachdem der Herr des Hauses noch auf der Erlanger Bergkirchweih weilt. Als Wessenig heimkehrt, zeigt er sich über den unerwarteten Besuch erbost, zumal aus dem jungen Burschen kaum ein Wort herauszubringen ist, der immer wieder zu „dös woiß ih nit" Zuflucht nimmt.
So ist es nicht erstaunlich, daß Wessenig seinen „Besuch" auf die Polizeiwache bringen läßt. Dort verschlingt der junge Bursche hastig Brot und trinkt nur Wasser, andere Nahrungsmittel weist er mit Ekel zurück. Das Polizeiverhör, schematisch und ohne Einfühlungsvermögen, bringt kein Ergebnis. Als der Polizeirottmeister Johann Christoph Wüst dem Fremden Feder und Papier gibt, schreibt er „nicht schön aber leserlich" seinen Namen: Kaspar Hauser. Der Polizist fordert ihn auf, auch seinen Herkunftsort zu schreiben, doch Hauser gibt zur Antwort „dös darf ich nicht sagen", und setzt hinzu „weil ich es nicht weiß".
Die Polizei läßt Kaspar Hauser in das Gefängnis auf der Nürnberger Burg bringen. Zeitloser Praxis gemäß sperrt man ihn zu einem „zuverlässigen Gefangenen", der ihn aushorchen soll. Andreas Hiltel, der Gefängniswärter, berichtet, daß Hauser „meistens still war und nur dann und wann weinte, ohne daß irgend ein Wort von ihm geäußert worden". Sein Zellengenosse, ein Metzger, hält ihn für „einen Ochsen".
Nürnbergs Obrigkeit ist weitgehend ratlos, wenn auch nicht untätig. Im Juli 1828 gibt sie eine Bekanntmachung heraus über „einen in widerrechtlicher Gefangenschaft aufgezogenen und

gänzlich verwahrlosten, dann aber ausgesetzten jungen Mann". Aus Ansbach kommt mit dem Appellationsgerichtspräsidenten Anselm von Feuerbach einer der bedeutendsten Juristen und Kriminalisten seiner Zeit. Ihm verdanken wir ausführliche Aufzeichnungen über Hauser und dessen Gefängnisaufenthalt. Ihm und auch anderen wird klar, daß der Findling ein in seiner natürlichen Entwicklung zurückgehaltenes Kind ist.
Die Überreizung Hausers durch die vielen neuen Eindrücke, die Schaustellung auf der Burg und wohl auch die Einsamkeit inmitten einer ständig fragenden und in ihn dringenden Umgebung führen zu einer schweren Erkrankung. Deshalb wird die richtige Konsequenz gezogen, Hauser kommt in eine Familie zur Pflege. Es handelt sich um den jungen Gymnasialprofessor Georg Friedrich Daumer, der mit Mutter und Schwester dem Findling ein erstes Heim zu geben versucht. Kaspar Hauser macht bald außerordentliche Fortschritte, soweit es um das Nachholen erforderlichen Wissens geht. Sein präzises Gedächtnis kommt ihm zugute, bislang Vorenthaltenes im Sturmlauf zu erobern. Er spielt sogar Klavier, malt, zeichnet und dichtet. Selbstverständlich versucht er, seine Herkunft zu ergründen. Gerüchte wollen von einer hohen Abstammung wissen.
Am 17. Oktober 1828 wird im Hause Daumers ein Attentat auf Kaspar Hauser verübt; eine zwei Zoll lange Narbe auf der Stirn wird ihn zeitlebens an diesen Tag erinnern. Die Suche nach dem Täter bleibt ergebnislos. Kurz darauf siedelt Hauser in das Haus der Nürnberger Magistratsrats Biberbach über. Im April 1830 berichtet Feuerbach nach München, daß das Gerücht umlaufe, „unser rätselhafter Findling sei ein vertauschter, ausgewechselter und dann auf die Seite geschaffter Prinz des Großherzogs Carl von Baden und Stephaniens, folglich keine geringere Person als der nunmehrige echte Großherzog von Baden selbst!"
Im Mai 1830 findet Kaspar Hauser eine neue Wohnstätte bei seinem Nürnberger Vormund von Tucher, der gewissenhaft die übertragene Aufgabe wahrnimmt. Familie und ein Zuhause im

Kaspar Hauser, zeitgenössischer Stahlstich ▷

Sinne menschlicher Geborgenheit vermochte er allerdings auch nicht zu vermitteln. Im Sommer des folgenden Jahres taucht eine der rätselhaftesten Gestalten der Kaspar-Hauser-Geschichte auf: Lord Stanhope, der Kaspar Hauser wertvolle Geschenke macht und Geld für die Erforschung von dessen Herkunft ausgibt. Im November erreicht er, als Pflegevater des Findlings bestellt zu werden.

Stanhope ist verantwortlich, daß Hauser im Dezember 1831 nach Ansbach umsiedelt und dem pedantischen Johann Georg Meyer anvertraut wird. Es birgt geringen Trost, daß er wenigstens am Ort des wohlgesonnenen Feuerbach wohnt. Menschlich wird für ihn die Lage eher schwieriger, denn sein Lehrer und Pfleger Meyer glaubt, in Hauser einen Schwindler sehen zu müssen. Das neue Heim wird für Kaspar Hauser zu einem Alptraum. Mißtrauen und Kleinlichkeit Meyers zerstören jegliche Vertrauensbasis. Der anfangs überschwenglich engagierte Stanhope zieht sich dazu von seinem Pflegesohn zurück.

Am 14. Dezember 1833 geht Kaspar Hauser in den Ansbacher Hofgarten. In der Nähe des Uz-Denkmals wird er von einem Unbekannten niedergestochen. Mit letzter Kraft schleppt er sich nach Hause. Am 17. Dezember stirbt er an der erlittenen Wunde und wird am 20. unter großer Anteilnahme der Bevölkerung auf dem Ansbacher Friedhof bei Heilig Kreuz beigesetzt. Pfarrer Fuhrmann, der ihn wenig zuvor konfirmiert hatte, hält die Trauerrede.

Der gewaltsame Tod Hausers ruft ungeheure Aufmerksamkeit hervor. König Ludwig I. von Bayern setzt für die Aufklärung des Mordes die erstaunliche Summe von 10 000 Gulden jenen aus, „welche den Gerichten hinreichende Beweismittel an die Hand geben, um eine bestimmte Person als den Urheber oder Theilnehmer des gedachten Meuchelmordes zu verhaften und zu verurtheilen". Aber die polizeilichen Nachforschungen bleiben ohne greifbares Ergebnis, wie beim Attentat im Hause Daumers. Kaspar Hauser ist so geheimnisvoll gegangen wie er gekommen war.

Schon vom Auftauchen Hausers an waren zahlreiche Versuche unternommen worden, seine Herkunft zu klären. Anhaltspunkte gaben Äußerungen des Findlings selbst. Verschiedene Schlösser vom Badischen über Triesdorf bei Ansbach bis in den Nürnberger Raum hinein wurden als mögliche Gefängnisse in Betracht gezogen. Immer wieder raunte man von hoher Herkunft. Bereits am 5. Dezember 1829 heißt es in einem Bericht des Nürnberger Gerichts nach Ansbach: „... zumal es immer mehr Wahrscheinlichkeit gewinnt, daß der Verbrecher nicht in den niederen Klassen des Volkes zu finden sein möchte, und die Motive des Verbrechens in den Hindernissen zu suchen sein dürften, die das Dasein des Hauser den Zwecken eines Dritten in den Weg gelegt hat." Feuerbach war schon zu Lebzeiten Hausers zu dem Schluß gekommen: „Kaspar Hauser ist das eheliche Kind fürstlicher Eltern, welches hinweggeschafft worden ist, um anderen, denen er im Wege stand, Sukzession zu eröffnen."
Nun gab es tatsächlich ein deutsches Herrscherhaus, in dem eine Todesserie Anlaß zu allerlei Spekulationen gab: Baden und sein Zähringergeschlecht. Nach der „badischen Prinzentheorie" zur Herkunft Kaspar Hausers wäre der Findling der frühverstorbene Erbprinz von 1812, über dessen Krankheit und Tod Ungereimtheiten bestehen. Einen abschließenden, endgültigen Beweis für Hausers badisches Prinzentum gibt es jedoch nicht, obwohl sein Lebensschicksal die Zähringer und Hochberg nicht gleichgültig gelassen hat.
Was bleibt eigentlich von der geheimnisvollen Geschichte des Nürnberger Findlings, der in Ansbach zu Tode kam, wenn Kommen und Gehen vielleicht geklärt sind? Das Leben Kaspar Hausers ist nicht nur wegen der Umstände seines Auftauchens und der Ermordung tragisch. Auch ohne badische Prinzentheorie ist sein Weg in Nürnberg und Ansbach erschütternd – ein Kind ohne Heimat, ohne menschliche Liebe, primitiver Sensationsgier und wissenschaftlicher Experimentiersucht ausgesetzt. Die persönliche Gerüchteküche in Ansbach brodelte, mitsamt der Spekulation über irgendein mögliches Liebeserlebnis.

Kaspar Hauser ist als Kind und junger Mann einsam geblieben, in Nürnberg und Ansbach, trotz des „Pflegevaters" Stanhope und vieler Neugieriger, die an seinem Schicksal je nach Geschmack Anteil nahmen. Und hier liegt das moderne Los Kaspar Hausers – „ich weiß nicht woher ich komme, ich weiß nicht wohin ich gehe". Die Ängste des 20. Jahrhunderts ziehen in seiner Lebensgeschichte auf, aber auch das Schicksal der Legionen von Kindern, die etwa im Zweiten Weltkrieg ihrer Eltern und Heimat beraubt wurden. Die Tragik Kaspar Hausers ist aktuell geblieben, sie läßt sein Schicksal lebendig bleiben. Das reine Kriminalspiel um seine tatsächliche Herkunft wird demgegenüber zweitrangig. Die Geschichte Kaspar Hausers gibt viele unmittelbare Einblicke in die unerfüllte Zeit der Deutschen um 1830. Zitieren wir nur die Begriffe Karlsbader Beschlüsse, Frankfurter Wachensturm, Hambacher Fest, Unterdrückung des freiheitlichen Studententums, Drang nach deutscher Einheit. Vielleicht läßt sich das Schicksal Kaspar Hausers vor diesem Zeitgeschehen deuten. Für die einen war er Symbol des Unrechts der verhaßten Fürstenhäuser. Für die anderen mußte er ein Schwindler sein.

Vergessen wird bei solchen Spekulationen oft der Mensch Hauser. Deshalb ist die Geschichte des unglücklichen Findlings ohne Ruf nach mehr Menschlichkeit unvollständig dargestellt. So ist auch das Leben Kaspar Hausers mehr als ein rührseliges Stückchen Romantik oder gar Moritat – es ist Mahnung.

In Ansbach aber erinnern das Wohn- und Sterbehaus in der Pfarrstraße, der Gedenkstein an der Mordstelle im Hofgarten, das Grab auf dem Friedhof bei Heilig Kreuz sowie die Dokumentation im Markgrafenmuseum mit vielen Erinnerungsgegenständen an Kaspar Hauser, das „Kind Europas". Bedeutendstes künstlerisches Zeugnis aber ist das Denkmal am Südende der Platenstraße, zwei lebensgroße Bronzefiguren: Kaspar Hauser, wie er kam (1828, ein hilfloses, stumpfes Menschenwesen); Kaspar Hauser, wie er ging (1833, ein eleganter, angehender junger Kavalier).

Sehenswürdigkeiten um Ansbach

Bad Windsheim. Eine der fünf Reichsstädte des Fränkischen Reichskreises. Sie hat eine Fülle guter Bauten vom Spätmittelalter bis zum Rokoko, darunter reizvolles Fachwerk. Beherrschend ist das monumentale Rathaus (1713–1717) im Stile des Graubündeners Gabriel de Gabrieli. Bemerkenswert auch die Pfarrkirche mit barockem Orgelprospekt von Rang, die Spitalkirche und die „Seekapelle". Windsheims größte Sehenswürdigkeit ist aber das Fränkische Freilandmuseum, das mit seinen drei Dorfgruppen „Rangau", „Nürnberger Land" und „Altmühl" nicht nur wertvolle Baudenkmäler des mittelfränkischen Raumes vor dem Untergang gerettet, sondern geschlossene und lebendige Dorfbilder neugeschaffen hat, darüber hinaus mit Leben erfüllt darbietet.

Dinkelsbühl. Zu den deutschen Städten mit dem geschlossensten Ortsbild des 15./16. Jahrhunderts gehört Dinkelsbühl, das als Reichsstadt zum Schwäbischen Reichskreis zählte. Seine besondere Qualität liegt im Ensemble, wie auch die weitgehend vollständige Stadtmauer mit allen vier Stadttoren zeigt. Das kunsthistorisch bedeutendste Baudenkmal ist die Stadtpfarrkirche St. Georg, die vielleicht schönste Hallenkirche der deutschen Spätgotik. Die Ausstattung hat viele Werke des 15. und 16. Jahrhunderts bewahrt. Erwähnenswert auch die Ratstrinkstube, die Schranne, das reichgestaltete Deutsche Haus, der Spitalbereich mit dem Heimatmuseum sowie das Deutschordensschloß von Matthias Binder.

Feuchtwangen. Die einstige Reichsstadt kam schon im 14. Jahrhundert an die Hohenzollern und wurde markgräfliche Oberamtsstadt. Auch Feuchtwangen konnte viele qualitätvolle Einzelbauten bewahren. Besonders sehenswert die einstige Stiftskirche mit einem Altar aus der Werkstatt Michael Wolgemuts sowie teilweise im Altbestand erhaltenem spätromanischem Kreuzgang. In der unmittelbaren Nachbarschaft die ehemalige Pfarrkirche St. Johannis. Von überregionaler Bedeutung ist das reich ausgestattete Heimatmuseum. Besonders hervorzuheben die Fayence-Sammlung mit den Schwerpunkten Ansbach, Crailsheim und Schrezheim.

Heilsbronn. Die Geschichte der Stadt ist auf lange Strecken identisch mit der ihres Zisterzienserklosters, das auf das Jahr 1132 zurückgeht. Später wurden die Hohenzollern Schirmvögte, die es der Reformation zuführten. Bald erlosch klösterliches Leben und machte der markgräflichen Fürstenschule Platz. Wichtigstes Baudokument ist die Klosterkirche, ein Werk von erstaunlichen Dimensionen, im wesentlichen zwischen dem 12. und 15. Jahrhundert entstanden. Trotz mancher Verluste immer noch reiche spätmittelalterliche Ausstattung. Als Grablege der fränkischen Hohenzollern birgt das Münster viele Denkmale und Gemälde der Familie. Sehenswert auch das ehemalige Refektorium (um 1230).

Lichtenau. Ein Kleinod nürnbergischer Festungsbaukunst ist die Veste Lichtenau, im wesentlichen zwischen 1560 und 1630 entstanden. Sie war ein Vorposten der Reichsstadt Nürnberg mitten im Herrschaftsbereich der Ansbacher Markgrafen. In ihrer einzigartigen Geschlossenheit ist die Veste unter die besten ihrer Zeit im mitteleuropäischen Raum zu rechnen.

Nürnberg. Die vornehmste und mächtigste unter allen Reichsstädten birgt trotz ihrer furchtbaren Kriegszerstörungen nach wie vor eine unglaubliche Fülle an Kunstwerken ersten Ranges. Die großen Pfarrkirchen St. Sebald und St. Lorenz sind Wallfahrtsstätten deutschen Kunstschaffens des 13.–16. Jahrhunderts. Zusammen mit dem Germanischen Nationalmuseum bieten sie eine Reihe der bedeutendsten Werke von Albrecht Dürer, Veit Stoß, Adam Kraft, Peter Vischer u. a. Auch die Frauenkirche, St. Egidien, St. Jakob sind sehr besuchenswert, genauso wie die Kaiserburg mit der großartigen doppelgeschossigen Kapelle. Nürnberg bietet auch mit dem Spielzeugmuseum und dem Verkehrsmuseum Einrichtungen von internationalem Rang. Das Germanische Nationalmuseum selbst zählt zu den wichtigsten Museumsstätten der abendländischen Welt.

 Ansbacher Falkenknecht 1752 (Markgrafenmuseum Ansbach) ▷

Rothenburg ob der Tauber. Die hoch über der Tauber liegende einstige Reichsstadt darf sich wohl als das schönste Baudenkmal seiner Art betrachten. Keine andere deutsche Stadt hat eine vergleichbare Rolle beim romantischen Wiedererwachen der Begeisterung für die deutsche Vergangenheit gespielt. Rothenburg ist als Gesamtkunstwerk und im Einzelobjekt gleichermaßen fesselnd, seien es die Stadtmauern und die zahlreichen Tore, die repräsentativen Bürgerhäuser, oder die Jakobskirche (mit ihren Schnitzwerken von Tilman Riemenschneider). Von weiteren Bauten sei auf das Rathaus, die Franziskanerkirche, die Schäferkapelle oder den Spitalbereich verwiesen. Auch das Reichsstadtmuseum und das Kriminalmuseum sind sehr besuchenswert.

Triesdorf. Von der reizvollen Verbindung von Landschaft und Architektur lebt die einstige markgräfliche Land- oder Sommerresidenz Triesdorf. Von den Bauten der Hohenzollern sind vor allem das Weiße und das Rote Schloß, die Reithalle, der Marstall, die „holländischen Häuslein" und die Villa Sandrina zu nennen. Damit ist aber die Fülle der historischen Gebäude lange nicht erschöpft. Im unmittelbar benachbarten Weidenbach erhebt sich die elegante Hofkirche von Leopoldo Retty.

Wolframs-Eschenbach. Zu den schönsten fränkischen Zwergstädten gehört Wolframs-Eschenbach, vollkommen beringt und nur durch die beiden Stadttore erreichbar. Der Deutschorden hatte hier das Sagen, wie das Schloß ausweist. Die Pfarrkirche (eine der frühesten Hallen) birgt gute spätmittelalterliche Kunstwerke. Hier fand der Epiker und Minnesänger Wolfram von Eschenbach seine Ruhestätte.

Feste und kulturelle Ereignisse

Die bedeutendste internationale Veranstaltung der Stadt Ansbach ist die Bachwoche Ansbach. Sie findet im zweijährigen Turnus statt, und zwar alle ungeraden Jahre. In der Regel beginnt sie am letzten Juli-Wochenende und umfaßt in einer 10tägigen Serie rund 35 Konzerte und auch Vorträge. Das Programm konzentriert sich auf das Werk von Johann Sebastian Bach, wobei Werke seiner Wegbereiter und von ihm ausgehender Komponisten nicht grundsätzlich ausgeschlossen sind. Ihren ureigenen Reiz gewinnt die Bachwoche Ansbach durch die Einbeziehung der Orangerie, des Prunksaales im Schloß und der Gumbertuskirche, also Stilräumen, die zur Lebenszeit Bachs geschaffen und ausgestaltet wurden. Von der Künstlerwahl her versucht die Bachwoche Ansbach höchsten internationalen Maßstäben gerecht zu werden.
Die lokale Geschichte und Kultur steht im Mittelpunkt der Ansbacher Rokokospiele (erstes Wochenende im Juli), die sich mit weitgefächerten Veranstaltungen darbietet. Dies geht von Tänzen des 18. Jahrhunderts bis zu Volkstänzen, von der Infanteriemusik bis zur Musik der Trompeter. Alle Veranstaltungen finden in Kostümen des 18. Jahrhunderts statt, die streng historischen Vorbildern folgen. Auch die Musik der Oper, Kirche und Hofkapelle ist nicht ausgeschlossen. Die Rokokospiele leben ebenfalls entscheidend vom kreativen Miteinander der Veranstaltungen und ihrer historischen Kulisse. Auch die Kunst der Falknerei hat einen festen Platz gefunden.
Das Wochenende nach den Rokokospielen ist der Ansbacher Kirchweih mit entsprechendem folkloristischem Einschlag gewidmet. Volksfest, Messe und Kirchweihumzug gehören zu den regelmäßigen Bestandteilen. Alle vier Jahre (1992 usw.) findet ein großer historischer Festzug statt.

Ansbacher kulinarische Spezialitäten

Die fränkische Küche, insbesondere die Ansbacher, kann sich nicht mit den kulinarischen Leistungen der böhmischen, österreichischen oder gar französischen Küche messen. Was sie auszeichnet, ist nicht ein breitgestreutes Angebot von Feinschmeckereien, sondern die Konzentration auf einige ausgesprochene Spezialitäten, die in mancherlei Abwandlung in den verschiedenen Regionen Frankens wiederkehren. In Ansbach sind die „Ansbacher Bratwürste" unbestrittene Spezialität. Wer etwa glaubt, sie durch Nürnberger Bratwürste ersetzen zu können, wird bald feststellen, daß die Bratwürste der beiden Städte vollkommen verschieden schmecken. Ansbachs kulinarisches Wahrzeichen, die Bratwurst, schon im 14. Jahrhundert nachweisbar, ist eine Schweinsbratwurst, die aus gerissenem Muskelfleisch hergestellt wird. Übertriebener Fettzusatz ist ihr fremd, Majoran eine typische Zutat. Meist werden die Bratwürste mit Sauerkraut, aber auch Kartoffelsalat serviert. Nicht zu verschmähen sind sie auch als „Blaue Zipfel" (Saure Bratwürste) mit Zwiebel- und Essigsud. Wem dies zu lange dauert, der kann auch die rohe Bratwurst mit Zwiebeln und Pfeffer auf dem Brot essen. Besonders schmackhaft an heißen Tagen sind gesulzte Bratwürste.

Das lukullische Interesse des Ansbachers kreist überhaupt im wesentlichen um Fleisch- und Wurstwaren, wenn man von den Karpfen absieht. Als „Brotzeit" werden gerne Aufschnitt oder kalter Braten vertilgt. Wer mehr will, bestellt sich ein „Gnechla" (Schweinshaxe). Auch der Ansbacher Preßsack ist sehr bekannt, ob rot oder weiß. In München ist er auf fast jeder Speisekarte zu finden. Natürlich ißt der Ansbacher für sein Leben gern, was es bei einer „Schlachtschüssel" gibt. Und schließlich ist die frische Halbe Bier, wenn möglich vom Faß, nicht zu vergessen. Aber auch ein Schoppen Frankenwein wird nicht verachtet.

Ansbach – History and Sights

Ansbach, the capital of Central Franconia holds much of interest for the visitor who is interested in history and arts. Besides being one of the most ancient, it is also one of the most graceful and unspoilt cities in Central Franconia. Its long history reaches back to the days before Charlemagne. About the year 700 the first settler, Onold by name, established himself in the Rezat-Valley; about 748 the Franconian nobleman Gumbertus (canonized later) founded a Benedictine monastery here. In due course the monastery was made a chapterhouse, round which the village grew. Ansbach (Onolzbach) was mentioned as town for the first time in 1221. In the 14th century (1331) the Hohenzollern Burggraves of Nuremberg took possession of Ansbach; since then the fate of the town was linked to that of the Hohenzollern-dynasty for almost 500 years.
The importance of the settlement rose, when in the 15th century the Hohenzollern were created Electors and Margraves of Brandenburg. Ansbach became the permanent residence of the Franconian Hohenzollerns and capital of the principality of Brandenburg-Ansbach (several times also including the principality of Brandenburg-Kulmbach-Bayreuth). Magnificent jousts were to be seen during the reign of Albrecht Achilles (1440 to 1486). When Reformation came, Margrave Georg the Pious supported Luther's intentions by turning his principality protestant in 1528. Most of the fine Renaissance houses in the centre of the town were built during his reign and that of his son Georg Friedrich (1556–1603), who ruled the country peacefully. Catastrophe was near, when in the Thirty-Years'-War (1618 to 1648) the country was devastated and countless inhabitants died of starvation and plague; the town itself got off relatively unhurt.
At the end of the 17th century Ansbach was about to become a typical baroque residence. The most remarkable historical

event out of this time is the birth of "Caroline of Ansbach" (1683), Queen-Consort of George II of Great Britain. Beginning with the 18th century the town spread rapidly. After the fire of 1710 the castle was rebuilt as a baroque residence. Margravine Christiane Charlotte (1723–1729) and her son Carl Wilhelm Friedrich (1729–1757) adorned the town with many a fine building and lawn. Particularly Carl Wilhelm Friedrich – nicknamend "The Wild Margrave" for his irascibility – did much for the embellishment of his capital. He was married to Friederike Luise, a sister of Frederick the Great of Prussia and the admirable Margravine Wilhelmine of Brandenburg-Bayreuth.

Quite different from the "Wild Margrave" was his son Alexander. He was much influenced by favorites around him: first Mademoiselle Hippolyte Clairon, a famous French actress, later on by the English Lady Elizabeth Craven. Lady Elizabeth is said to have caused him to renounce his throne. In 1777 Alexander "lent" more than two regiments of his troops to the British crown for action on the American theatre of war. The two regiments with their artillery were defeated in the battle at Yorktown 1781. After two years of imprisonment parts of the troops returned to Europe. Hundreds of officers and soldiers settled in the New World. The colours of the two regiments can still be seen in the collections of the United States Military Academy Westpoint and in Washington. They are considered to be some of the oldest military trophies in US-history. Margrave Alexander abdicated in 1791 and, together with Lady Elizabeth, whom he married later, went to England to spend the rest of his life there. For a life annuity of 300 000 florins he turned his principality over to his Prussian cousins which, on Napoleon's order, ceded Ansbach and its principality to the new kingdom of Bavaria in 1806.

After some years of stagnation the town continued to develop steadily, though its old glamour had vanished, as the capital of the "Rezatkreis", then Central Franconia (Mittelfranken). In spite of the fact that Ansbach was bombed in World War II, the

Konzert im Prunksaal des Ansbacher Markgrafenschlosses ▷

old quarters of the town for the most part were not destroyed, so that the visitor of today can have a look at many a picturesque corner.
The importance of Ansbach as a railway-junction is shown by the fact that the great international routes Hamburg – Munich – Rome and Warszawa – Prague – Nuremberg – Paris meet in this town. It is also a junction of the National Roads 13 (Wurzburg – Munich) and 14 (Stuttgart – Nuremberg). Finally the Autobahn Nuremberg – Heilbronn has to be mentioned with its four Ansbach exits. This favourable situation as a railway- and road-junction made Ansbach, the old town of the Hohenzollern margraves, a very interesting spot for tourists. Every year congresses, meetings and festivals are held, among which the international Bach Festival (Bachwoche Ansbach) is the most remarkable event, when musicians from all over the world meet here.
Hotels, inns and boarding-houses, excellently kept, will be glad to welcome visitors. Nobody should miss a lunch with the famous Ansbach speciality: "Ansbacher Bratwürste". Wellkept sportgrounds, tennis-courts and modern swimming-pools invite the visitor. If one prefers strolls and walks in the woods surrounding the town (Naturpark Frankenhöhe), there are clearly marked paths.

THE SIGHTS

The Castle (Markgrafenschloß): The first castle, surrounded by ditch and walls was built 1397–1409, out of this and following constructions a Renaissance castle arose. The baroque residence, as seen today, was built by Gabriel de Gabrieli, Carl Friedrich von Zocha and Leopoldo Retty (early 18th century). 27 rooms, the State Rooms, have been kept as of old. They are among the finest examples of German art and handicraft in the 18th century. Open daily (except Mondays) 9–12 und 14–17 hours; in winter 10–12 and 14–16 only.

The Orangery and the Park (Orangerie and Hofgarten): The Orangery is a representative baroque building out of the 18th century. Most remarkable in the park is the lime-tree-alley, more than half a mile long. Not far away the Kaspar-Hauser-Memorial in remembrance of Kaspar Hauser, a person of unknown origin who lost his life on that spot by murder (1833).

St. Gumbertus Church (Gumbertuskirche): The foundations show romanesque style, gothic additions in the 15th and 16th centuries. The baroque hall was constructed in the 18th century. Court church of the margraves of Brandenburg-Ansbach. Open all day. Chapel of the Knights of the Swan in St. Gumbertus Church (Schwanenritterkapelle): Built 1501–1523. Very interesting epitaphs of the members of the order. The altar is a donation of Margrave Albrecht Achilles (1484). Worldfamous is the painting "Christ in the winepress". The Crypt in St. Gumbertus Church (Krypta): One of the oldest in the region (11th century). Under the chapel are to be found the coffins of the margraves and the members of their families (17th and 18th centuries).

St. Johannis Church (Johanniskirche): A gothic building of the 15th century, oldest parish church of Ansbach. Open every day.

Heilig-Kreuz-Church and cemetery (Heiligkreuzkirche and Stadtfriedhof): A small gothic church of the late 15th century; originally a chapel for pilgrims. Parts of the cemetery with important monuments of the 18th century.

St. Ludwig Church (Ludwigskirche): Built in classical mid-19th century style. Open every day.

Chancellary (Hofkanzlei): A Renaissance building with remarkable court, former chancellary of the principality of Brandenburg-Ansbach, late 16th century, built by Gideon Bacher.

Stadthaus (Haus der Landstände): Built in 1532 by Sixt Kornberger.

Townhall (Rathaus): Built in 1622/23. The series of coat of arms on the frontside show the sovereigns of Ansbach.

Behringerhof: Court in typical Franconian 16th century style. Markgrafenmuseum: Important buildings of the 16th and 18th century with townwall of the 15th century. Prehistoric collections. History and art of the principality of Brandenburg-Ansbach. History of Ansbach. Ansbach fayence and porcelain. Kaspar-Hauser-Collection. Open 10–12 and 14–17 hours, except Mondays. Another collection of Ansbach fayence and porcelain of international quality in the Markgrafenschloß (Gotische Halle).

Ansbach – Son Histoire et ses Curiosités

Ansbach, siège du gouvernement de la Moyenne Franconie, ville de 38 000 habitants, est la perle de la région historique appelée «Rangau». Blottie dans la vallée de la Rezat, l'ancienne résidence des margraves de Brandebourg-Ansbach resemble à une cité de rêve. Entourée de collines aux pentes douces et de merveilleuses forêts (Naturpark Frankenhöhe), elle s'intègre avec bonheur dans le charmant paysage franconien. Peu de villes peuvent s'enorgueillir de posséder, comme elle, tant de souvenirs à la fois vénérables et magnifiques.
C'est Onold, le premier colon qui, vers l'an 700 s'installa dans la vallée. Gumbert créa vers 748 le premier élément de l'agglomération en fondant une abbaye bénédictine qui, au XIe siècle, fut transformée en une résidence de chanoines. Onolzbach (Ansbach) est mentionné pour la première fois en tant que »Civitas« (Ville) dans un document qui date de 1221. Son histoire remonte donc à plus de 1200 années.
La ville d'Ansbach fut aquise en 1331 par les Hohenzollern, d'abord burgraves de Nuremberg, puis margraves de Brandebourg. C'est vers 1456 que Ansbach devint la résidence des margraves. Durant près de cinq siècles, les Hohenzollern (1331

Fresko von Carlo Carlone im Prunksaal ▷

à 1806) présidèrent au destin de la ville et de sa région. Ce fut une époque florissante et pleine d'éclat.
Un des plus puissants princes allemands de cette période fut le prince électeur et margrave Albrecht Achilles (1440 à 1486). Malgré son tempérament guerrier, il fit de ses années de règne un temps de prospérité. Il installa sa cour à Ansbach. Le »Tribunal Impérial de première instance du burgraviat de Nuremberg« fut transféré plus tard. C'est également Albrecht Achilles qui, grâce à la cohésion de la noblesse, parvint á fonder l'Ordre des Chevaliers au Cygne en Allemagne du Sud. Le margrave Georg le Pieux (1515 à 1543) prit une place prépondérante dans l'Histoire de la ville et de la principauté de Brandebourg-Ansbach (ainsi celle de Brandebourg-Kulmbach-Bayreuth) en se faisant le propagateur de la Réforme. Son action fut continuée par son fils, le margrave Georg Friedrich (1556 à 1603). Au cours de son régne, marqué par une longue période de bien-être, il stimula les architectes, qui donnèrent ici à la Renaissance un éclat tout particulier. Certes, la guerre de Trente Ans, plus tard, laissa des traces, mais ses horreurs furent presque épargnées à la ville. La reconstruction s'opéra grâce au margrave Albrecht (1639 à 1667) et de son fils Johann Friedrich (1672 à 1686), qui fit venir des Huguenots. A ce moment, Wilhelmine Caroline, fille du margrave Johann Friedrich, née en 1683, devait devenir »l'enfant le plus célèbre d'Ansbach«. Elle épousa le futur roi anglais George II et se fit une grande renommée par les mesures sociales qu'elle sut prendre, comme la protection contre la variole.
A la fin du XVIIe siècle Ansbach devint une véritable résidence. Richesse et bien-être redevinrent alors son apanage. On peut encore admirer aujourd'hui les impressionantes créations le la Régente Christiane Charlotte (1723 à 1729), célèbre par son bon goût, et de son fils, le margrave Carl Wilhelm Friedrich (1729 à 1757), à qui une humeur impéteuse valut le surnom de «margrave sauvage». Ce fut une époque fertile en constructions grandioses et au cours de laquelle furent aménagées de vastes et belles perspectives. Le margrave Carl Wilhelm Fried-

rich était le beau-frère du roi Frédéric le Grand et de la margravine Wilhelmine de Brandebourg-Bayreuth. Son épouse était, en effet, la princesse Friederik Louise von Preußen. On a souvent dénigré le margrave Carl Wilhelm Friedrich à cause de ses singularités, surtout en ce qui concerne sa fauconnerie, Mais il faut reconnaître qu'il sa su élever de remarquables constructions princières.

Cet homme au tempérament emporté et ardent eut un fils tout différent de lui, Alexander (1757 à 1791), qui fut le dernier margrave d'Ansbach. Les femmes de son entourage, Mademoiselle Hippolyte Clairon et, plus tard, Lady Elisabeth Craven eurent une grande influence sur lui. Cette dernière semble l'avoir poussé à renoncer au pouvoir et aux principautés de Brandebourg-Ansbach et Brandebourg-Bayreuth. Et, il fut loin de se rendre populaire lorsque, en 1777, il «vendit» à l'Angleterre deux régiments d'infantérie d'Ansbach-Bayreuth qui partirent pour combattre en Amérique. Le margrave Alexander abdiqua en 1791 et partit pour l'Angleterre. Il transmit les principautés à la Prusse contre une rente viagère de 300 000 florins. Sous l'intelligente administration du baron (puis prince) de Hardenberg le pays progressa et l'on peut dire que l'époque prussienne (1792 à 1806) laissa un bon souvenir. A la suite de la paix de Schönbrunn et sur l'instigation de Napoléon I, Ansbach fut incorporé, en 1806, au nouveau royaume de Bavière et devint le chef-lieu du district de la Rezat (Moyenne Franconie depuis 1838).

Certes, les splendeurs de la vie de cour disparurent. Mais les citoyens d'Ansbach se tournèrent résolument vers le gouvernement de la Bavière. Ils s'adaptèrent parfaitement à leur nouvelle situation. La ville surmonta bien des difficultés au cours des périodes qui suivirent. Durant la deuxième guerre mondiale, des blessures ne lui furent pas épargnées. Mais les remarquables édifices de la vieille ville échappèrent en majeure partie aux destructions et Ansbach a pu conserver ainsi son caractére d'ancienne résidence margraviale.

SITUATION ET SEJOURS

Grâce à une situation particulièrement favorable, Ansbach a pu constituer un noeud ferroviaire très important. La ville se trouve sur le croisement des deux grandes lignes (Dortmund) – Hamburg – Munich – Vienne ou Rome, et Varsovie – Prague – Nuremberg – Stuttgart – Paris. Les routes fédérales 13 (Würzburg – Munich) et 14 (Nuremberg – Stuttgart) se croisent également ici et constituent, dans cette époque motorisée, un lien entre le Nord et le Sud ainsi qu'entre l'Est et l'Ouest. De plus il existe l'auroute Nuremberg – Heilbronn avec quatre sorties pour Ansbach. Ces conditions avantageuses et l'attrait qu'offre la ville en tant qu'ancienne résidence margraviale, ont fait d'Ansbach un centre touristique très fréquenté. Chaque année y ont lieu d'importants congrès et de grandes manifestations. Il faut signaler spécialement la »Semaine Bach« (Bachwoche Ansbach) qui offre des représentations musicales de tout premier ordre. Le début de juillet est marqué par des réjouissances folkloriques (Ansbacher Rokokospiele) et par la fête patronale. Une industrie hôtelière particulièrement contribue à faire de Ansbach une ville accueillante et hospitalière. Il ne faut surtout pas quitter la ville sans avoir dégusté les célèbres saucisses rôties à la choucroûte dont l'origine remonte au XIVe siècle. D'immenses terrains de sport (avec courts de tennis et piscines modernes) sont à la disposition de ceux qui veulent développer leurs muscles. De merveilleuses promenades et des chemins marqués offrent à tous les visiteurs d'excellents moyens de détente.

CURIOSITES

Château des margraves (Markgrafenschloß): c'était à l'origine un castel d'eau. C'est Gabriel de Gabrieli qui lui donna sa forme actuelle. Son oeuvre fut achevée par Carl Friedrich von Zocha et Leopoldo Retty. Ce dernier réalisa l'admirable décoration intérieure avec ses collaborateurs, il parvint à créer un style bien personnel, le »Rococo d'Ansbach«. 27 salles princières peuvent

Lindenallee im Hofgarten ▷

être visitées. Il faut mentionner la grande salle, la salle d'audience avec le lustre en porcelaine offert par Frédéric le Grand, le salon de glaces, la chambre des gobelins, la salle des 2800 carreaux de faience de la manufacture d'Ansbach et la galerie de peintures. Visite tous les jours (sauf Lundi) 9–12, 14–17 heures, en hiver 10–12, 14–16 heures.
Orangerie et jardin de la cour (Orangerie et Hofgarten): l'orangerie a été réalisée à partir de 1726 par Carl Friedrich von Zocha sous l'impression des colonnades du Louvre et du Grand Trianon à Versailles. La plus belle parure du jardin est constituée par une double allée de tilleuls, vieille de plus de 200 ans. Dans la partie orientale se trouve le mémorial de Kaspar Hauser. On crut voir en lui un prince badois, mais il resta »L'énigme de son temps«.
L'église Saint-Gumbertus (Gumbertuskirche): d'abord église collégiale, adjonction de bâtiments gothiques au XVe siècle. De 1736 à 1738 réalisation de la partie baroque. Les trois tours constituent l'emblème de Ansbach. La chapelle de l'Ordre des Chevaliers au Cygne (Schwanenritterkapelle): autel, épitaphes et plaques funéraires de l'ordre, fondé par le margrave Albrecht Achilles (1484). Célèbre peinture dite du pressoir, due à un élève d'Albrecht Dürer. Au-dessous le caveau princier des margraves. Crypte romane (Krypta): réalisée de 1039–1042, une des plus anciennes de la Franconie.
L'église Saint-Jean (Johanniskirche): réalisée au XVe siècle, un édifice gothique impressionant.
L'église de la Sainte Croix (Heilig-Kreuz-Kirche): petite église gothique, bâtie à partir de 1461.
L'ancienne chancellerie des margraves (Hofkanzlei): bâtie dans le style de la Renaissance à partir de 1594 sous le règne du margrave Georg Friedrich par Gideon Bacher.
L'ancienne maison des Etats provinciaux (Landhaus, Stadthaus): bâtie en 1532 sous le margrave Georg der Fromme par Sixt Kornburger. Elle était destinée aux sessions des assemblées provinciales. Cet édifice abrita également le tribunal impérial.

L'Hôtel de ville (Rathaus): bâtie en 1622/23, il évoque le début du style baroque. La série des blasons montre le développement historique de la ville.
Le Behringerhof: avec une tour à escalier caractéristique du XVIe siècle.
Musée de la région et de la ville (Markgrafenmuseum): Bâtiments du XVe au XVIIIe siècle, murs d'enceinte. Collections préhistoriques, artistiques et historiques; l'histoire de la principauté de Brandebourg-Ansbach et de la ville; Collection Kaspar Hauser, faience, porcelaines et peintures du XVIIIe siècle. Visite: 10–12, 14–17 heures (sauf Lundi).
En 1968 Ansbach a établi un jumelage avec la ville d'Anglet (Pyrénées Atlantiques). 1975, le deux villes ont reçu le prix France-Allemagne pour la qualité extraordinaire de leur jumelage.